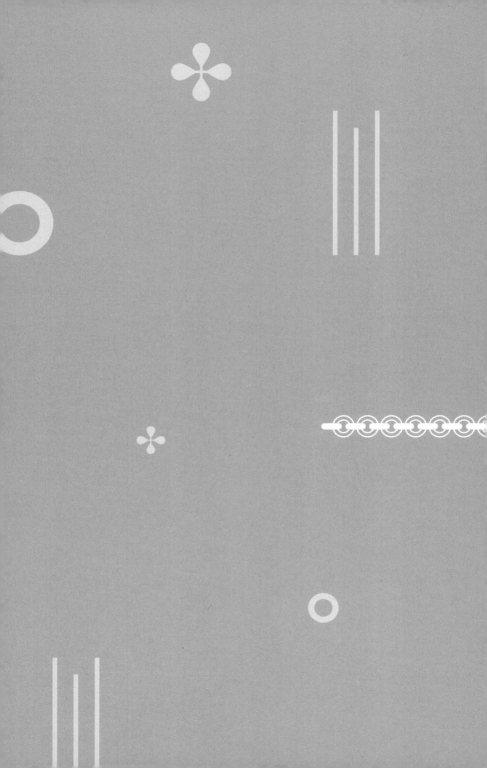

자전거 타는 CEO

자전거 매출 세계 1위
자이언트 이야기

자전거 타는 CEO

킹 리우류진뱌오, **여우쯔옌 지음 · 오승윤 옮김**

자전거업계의 도요타, 자이언트GIANT 창업자
킹 리우의 경영 철학

OCEO

'옳은 사업'을 하고자 하는
의지가 자이언트를 키우다

라오예(老爺)호텔그룹 총지배인, 선팡정(沈方正)_____

1992년, 독일에서 온 고객을 접대할 일이 있었는데 일정이 끝 난 후 의아한 요청을 하나 받았다. 본국인 독일로 가져갈 고급 모델의 자전거를 사러 가는 데 동행해달라는 것이었다. '고급 자전거'라면 유럽이 본고장 아닌가? 뜻밖의 요구에, 나는 이렇 게 둘러서 대답했다.

"죄송합니다만, 원하시는 제품을 팔 만한 매장이 있을지 모 르겠네요."

그러자 간단한 대답이 돌아왔다.

"자이언트(GIANT) 매장이요."

그제야 자이언트 자전거가 외국에서 인정을 받으며, 타이완 국내에서는 오히려 과소평가되고 있음을 깨달았다. 나부터도 그저 교통비를 아끼기 위해 타는 평범한 자전거라고 생각했으 니 말이다. 자이언트라는 브랜드에 미안한 감정마저 들었다.

2002년 즈번(知本)에 있는 라오예(老爺)호텔로 파견되면서 나는 좋은 자전거를 한 대 사기로 결심했다. 즈번은 경치 좋은 '라이딩 천국'으로도 유명한 지역이다. 한번 시작하면 끝을 보는 성격 덕에, 한 달 동안 일본과 미국의 자전거 전문 잡지와 자료들을 읽으며 자전거의 종류와 브랜드, 구조, 부품, 조립법 등을 공부했다. 그리고 고르고 고른 끝에 'GIANT TCR2'라는 내 생애 첫 고급 로드바이크를 선택했다.

　그 뒤로 나는 즈번에서 타이마리(太麻裏) 해변까지 자전거를 달려 일출을 감상하는가 하면, 9번 국도를 따라 아름다운 풍경을 즐기기도 했다. 뿐만 아니라 전국에서 열린 철인2종 경기와 철인3종 경기, 그 밖의 크고 작은 자전거 일주 대회에 참가했고, 이따금은 국토종주에 나서기도 했다. 이 모든 여정에 없어서는 안 될 나의 '애마'는 좋은 길동무가 되어 주었다.

　이제 나는 타이베이 시민으로서 공용자전거 유바이크(You-Bike)의 페달을 밟으며 나름의 목표를 향해 나아가고 있다. 이 책 곳곳에서 '뱌오 형님(킹 리우 회장의 애칭-옮긴이)'이 들려주는, 삶에서 우러나온 이야기를 읽으며 나의 비전도 한층 성숙해졌다.

　뜻하지 않게 자전거업계에 발을 들인 문외한에서 세계 최고가 되기까지, 자전거는 출퇴근용으로 가볍게 타던 것이 전부였던 일흔셋 노인이 타이완 일주에 도전하기까지, 그는 언제나 끈기와 인내, 결단력을 겸비한 기업가였다.

그러나 결심과 끈기만으로는 자이언트와 킹 리우(King Liu, 劉金標) 회장의 행보를 모두 설명할 수 없다. OEM(original equipment manufacturing, 주문자 상표부착 생산방식)을 중심으로 하던 자이언트는 자체 브랜드로 전환하고 직접 개발한 탄소섬유(카본) 프레임으로 시장을 선도하게 되었다. 나아가 경쟁 업체와 연합한 산업연맹 '에이팀(A-Team)'을 조직해 타이완 자전거산업의 경쟁력을 다지고, 자이언트 스포츠기금을 설립하여 자전거 문화를 도입했으며, 모든 기업이 꺼리는 공용 자전거 사업 '유바이크'에 뛰어들었다. 이런 파격적인 경영 성과는 '옳은 일'을 하고자 하는 의지 없이는 이루기 불가능하다.

이 책《자전거 타는 CEO》를 읽는 내내, 그러한 '선순환'을 향한 킹 리우 회장의 강한 집념을 느낄 수 있었다. 그 집념은 리우 회장 자신을 지탱하는 힘이 되었을 뿐만 아니라 자이언트그룹 전체에 감동을 주었다. 이제 그의 집념은 타이완 전역으로 퍼졌고 한 나라를 넘어 세계로 뻗어나가고 있다.

내가 이 책에서 얻은 많은 것들이, 지금 나아갈 방향을 고민하는 많은 이들에게도 큰 의지와 힘이 되기를 진심으로 바란다.

마지막으로 이 책에서 인상 깊었던 한 구절로 인사를 대신할까 한다.

"나는 청년들에게 인생도 자전거와 마찬가지라고 늘 조언한다. 자전거를 탈 때 한발 내딛어야 앞에 펼쳐지는 풍경을 볼 수 있듯이, 인생도 두려워하지 말고 일단 뛰어넘고 보면 자연스럽게 다음 기회가 보인다."

'새로운 가치'를 만들어내는 기업

에이서(Acer)그룹 회장, 스전룽(施振榮)_____

킹 리우 회장과의 인연은 함께 '자체개발 브랜드협회'를 창립
하면서 시작되었다. 이 협회는 타이완의 기업들이 '브랜드 경
영'에 나서도록 독려하는 것을 목표로 했다. 실제로 여러 해 동
안 노력한 끝에 많은 타이완 기업들의 브랜드가 다양한 분야
에서 성과를 보이기 시작했다.

리우 회장은 오랜 시간 타이완의 브랜드 이미지를 높이고자
혼신의 힘을 다했다. 특히 산업연맹 '에이팀'을 조직해 타이완
자전거산업의 독특한 문화 형성에 매진하고, 업계 전반의 공
존과 번영에 기여하며 '왕도 정신'에 걸맞은 산업 생태계를 마
련한 노고는 높이 살 만하다.

리우 회장은 비용의 문제를 극복하고 제품의 가치를 차별화
하는 데 성공했다. 덕분에 자이언트 자전거는 타이완의 높은
인건비를 감당하면서도, 중국의 저렴한 노동력에 타격을 받지
않을 수 있었다. 자이언트의 제품들은 중국과 한국을 비롯한

해외에서 상대적으로 높은 가격의 '프리미엄 이미지'를 지켜 나가고 있다.

더욱 중요한 것은, 자이언트 브랜드를 통해 사이클 스포츠 가 하나의 라이프스타일로 자리 잡고, 더 높은 부가가치를 창 출하게 되었다는 사실이다. 이러한 보이지 않는 문화의 가치 는 다시 하드웨어의 부가가치를 높이며, 타이완의 산업을 선 진화하는 핵심 동력으로 작용한다.

리우 회장이 타이베이 시정부와 추진한 'YouBike, 스마일 바이크' 사업은 에너지 절약 및 탄소저감이라는 세계적 흐름 에 들어맞을 뿐 아니라, 타이베이 시의 새로운 관광자원으로 서도 한몫을 하고 있다. 여러 분야의 과학기술과 사용자 중심 의 설계가 융합된 이 시스템을 통해 사용자들은 교통카드 한 장으로 쉽게 자전거를 대여하고 반납할 수 있으며, 앞선 자전 거 문화를 체험할 수 있게 되었다.

타이완은 지식경제, 창의경제, 체험경제의 시대로 들어섰다. 기존 산업의 전통적인 사고방식이 직접적이고 눈에 보이는 가치 를 중시하는 반면, 새로운 경제 시대를 맞은 지금부터는 눈에 보 이지 않는 숨은 가치가 또 다른 새로운 가치를 만들어낼 것이다.

업계 안팎의 모든 사람들이 읽으며 참고하고 배울 만한 책 이다.

"자전거는 네 돈 내고 사렴."

새로운 자전거문화기금 집행위원장, 류리주(劉麗珠)_____

사람들은 아마 이렇게 생각할 것이다. 세계 최대 자전거회사인 자이언트그룹 회장 정도면, 본인의 손주에게는 고급 자전거를 수시로 턱턱 선물하고도 남을 거라고. 하지만 재미있게도 아버지는 내가 아이 자전거 이야기를 꺼냈을 때 "네 돈 내고 사렴." 하고 답하셨다.

"에이, 그런 건 할아버지가 사주는 거라고요." 하고 볼멘소리를 해도 전혀 개의치 않으셨다.

취직을 할 때도 나는 주변 사람들의 예상과 달리 자이언트사에 들어가지 않았다. 아버지가 상사로 바뀌는 혼란을 감당하기 어려울 것 같았기 때문이다. 그때도 아버지는 내 선택에 별 간섭을 하지 않으셨다. 오히려 타지에서 처음 사회생활을 하며 마음고생을 하다 보니 내가 아버지를 찾게 되었다. '아버지도 한 회사를 이끄는 분이니까 내 상황을 잘 아시겠지.' 하는 마음으로 몇 번인가 찾아가 조언을 구했다. 그렇게 긴 대화를 나누면서 아버지를 더 깊이 이해하게 되었고, 정말 대단한 사람이라는 사실을 실감하게 되었다.

몇 년 전 작은아들이 대학원을 졸업하자마자 미국의 한 유명한 금융회사에 상당한 연봉을 보장받고 취직했다. 나는 아버지께 당신의 손자가 일은 적게 하면서 돈은 많이 버는 곳에 들어갔노라고 득의양양하게 말씀드렸다. 아버지는 잠자코 들으시더니 "오래 할 일이 못 되는 것 같구나. 늦어도 1년 뒤에는 다른 일을 찾아보라고 전해라." 하고 말씀하셨다.

축하는커녕 이직하라는 이야기나 들은 것이 못내 섭섭해서 왜냐고 물었더니 이렇게 답하셨다.

"돈을 쉽게 벌면 패기가 없어지고 게을러지게 마련이란다."

이것이 바로 내 아버지의 모습이구나 싶었다. 아버지는 평생 흔들리지 않는 주관과 날카로운 위기의식을 유지하셨다. 그래서 오랜 시간이 흐른 후에야 이해할 수 있는 사람이기도 하다.

이 책《자전거 타는 CEO》는 아버지가 자전거 사업을 하며 쌓은 독특한 철학과 경영의 지혜를 낱낱이 담고 있다. 아버지의 동료들이 처음에는 반발하다가 나중에서야 감탄하는 장면에서 나는 깊이 공감했다. 내가 크면서 꼭 그랬으니 말이다.

이 책을 읽고 아버지를 이해할 수 있게 되었다면 축하한다. 나처럼 오랜 세월 적응할 필요 없이 아버지와 단숨에 동행할 수 있다니 얼마나 수지맞는 일인가.

자전거를 탄 노인, 세상을 움직이다_____

여든 살 '뱌오 형님'은 왜 오늘도 자전거를 타는가?

나는 누구인가? 진정으로 열정을 느끼는 일을 어떻게 찾을 수
있을까? 경영의 정도(正道)는 무엇일까? 어떻게 하면 내 삶이
성장하고, 궁극적인 가치를 이룰 수 있을까? '성장'과 '가치'에
정의를 내린다면 뭐라고 해야 할까? 다양한 곳에서 수많은 답
을 앞다퉈 내놓는다.

　나는 여러 해 동안 경제부 기자로 일하면서 운 좋게도 그 선
명한 답을 들을 수 있었다. '자이언트' 자전거 브랜드의 창시자
인 킹 리우 자이언트그룹 회장과 함께 자전거 라이딩을 하면
서였다. 그와 동반하면서 생각할 거리와 심오한 답을 풍성하
게 얻었다.

　삶의 해답을 찾아가는 길은 자전거를 타고 떠나는 먼 여행
길과도 같다. 그 길은 아름다운 경치가 펼쳐지는 기나긴 여정
이다. 그리고 곳곳에는 누구에게나 열린 지혜가 놓여 있다.

리우 회장이 자전거 일주에 뛰어든 것은 나이 일흔셋이던 2007년이었다. 영화 〈연습곡(Island Etude, 청각장애인 주인공이 자전거로 타이완 일주를 하면서 겪는 일을 그린 타이완 영화-옮긴이)〉의 대사 "지금 하지 않으면 평생 못해." 한마디에 미뤄뒀던 꿈을 자각하고는, 15일간 총 927킬로미터의 거리를 완주했다. 나는 타이둥(台東) 즈번에서 해변으로 가는 11번 고속도로를 지나던 중에 그를 직접 보았다. 리우 회장은 허리 보호대를 감은 채 고질병이던 좌골신경통과 종아리 혈전정맥염의 고통을 견디고 있었다. 젖 먹던 힘까지 다해 앞으로 나가며 자신과 싸우던 그 모습을 잊을 수 없다.

7년 후 여든에 접어든 리우 회장은 두 번째 자전거 일주를 시작했다. 나이는 더 들었지만 일주 시간은 단축되고 거리는 늘어났다. 12일 동안 967킬로미터의 여정에 도전한 것이다. 리우 회장의 〈비즈니스 위클리(Business Weekly)〉 표지 기사 인터뷰를 진행하던 나도 덩달아 첫 자전거 일주에 성공했다.

자신은 항상 젊음을 배우고 있다며 '리우 회장님'이라는 호칭은 거부한다는 그의 말에 따라, 나도 다른 대원들처럼 '뱌오 형님(킹 리우 회장의 타이완식 이름은 류진뱌오(劉金標)이다-옮긴이)'이라 불렀다.

'뱌오 형님'의 라이딩은 '리우 회장님' 때보다도 한층 안정되고 빨랐다. 타이둥 타이마리 해변을 지나면서 리우 회장은 로드바이크 '프로펠(Propel)'을 타고 시속 50킬로미터 정도의 속도로 내리막을 순항했다. 이 바이크는 바퀴 폭이 겨우 2.3센티미터인 자이언트의 대표 상품이다. 투르 드 프랑스(Tour de France) 프로 선수에 버금가는 속력에, 함께한 자이언트여행사 동료들도 크게 놀랄 정도였다.

2014년 10월 말, 우리는 다시 한 번 뭉쳤다. 이번 목표는 일본 원정 라이딩이었다. 에히메(愛媛) 현과 히로시마(廣島) 현 정부가 공동 개최한 '국제자전거대회'에 참가한 것이다. 이 대회는 CNN이 선정한 '세계에서 가장 아름다운 7대 자전거도로' 중 한 곳 시마나미 해도(しまなみ 海道)를 탈 기회이기도 했다. 전 구간 차량이 통제된 가운데, 이국적인 자전거도로로 세토(瀬戸) 내해를 건너 500킬로미터 길을 신나게 완주했다.

리우 회장의 이번 목표는 이전 두 번의 일주와는 달랐다. 자신을 이기는 것을 넘어, 세상에 자신의 꿈을 증명해 보이는 것이었다. 그는 '새로운 자전거 문화'를 전파하는 자칭 '자전거 전도사'였다. 해외로 원정 라이딩을 가는 것은 자전거가 삶을 아름답게 한다는 '복음'을 타이완을 넘어 세계로 전파할 수 있는 기회였다.

전도사답게 추종자들도 따랐다. 일본 에히메 현 도키히로

(中村時廣) 도지사도 그중 한 명이다. 그는 지역 관광사업에 활기를 불어넣는 데 자전거 문화가 아주 중요한 역할을 하리라 생각했다. 리우 회장의 전도에 큰 감명을 받은 도지사는 본인이 '일본의 자전거 전도사'가 되겠다고 선언하기도 했다.

자전거 위에서 소크라테스를 만나다

이 책을 쓰기 위해 나는 '뱌오 형님'과 여러 번 만나 깊이 있는 인터뷰를 했다. 주말 새벽 5시 반에 타이중(台中) 차오마(朝馬) 환승역에서 만나 함께 라이딩을 한 적도 있다. 이 코스는 리우 회장이 휴일에 혼자 운동 삼아 달리는 길이기도 하다.

우리는 아침 햇살을 맞으며 다두산(大肚山)을 넘어 맥도날드에 들렀다. 자전거 위에서 내가 만난 '소크라테스'가 반세기 동안 사업을 경영하며 느낀 점들, 자전거 때문에 겪은 고비와 고민들을 함께 햄버거를 먹으며 들었다.

'나아가다.'

그와 나눈 어느 인터뷰 도중 머리에 스친 말을 그렇게 종이에 적었다. 이 네 글자에는 "사업은 자전거와 같아서 페달을 밟으면 나가지만 밟지 않으면 넘어진다"는 리우 회장의 이야기가 녹아들어 있다. 언제든 답은 앞으로 나아가야 찾을 수 있다. 사업뿐만이 아니라 그의 인생도 마찬가지였다.

수많은 사람을 인터뷰했지만 리우 회장은 그중에서도 특별했다. 세계 최대의 자전거회사를 세워 글로벌 사업을 이끈 성공한 기업가. 그가 앞장서서 경쟁사 메리다(Merida)와 구축한 연합전선 '에이팀(A-Team)'은 업계의 모범이 되었다. 에이팀의 활약으로 타이완에 자전거산업이 정착했고, 계속 발전해나갈 기틀 또한 자리 잡을 수 있었다.

그를 이야기하면서 무엇보다 자전거 라이딩을 즐기는 CEO, '뱌오 형'의 모습을 빼놓을 수 없다. 그가 자전거에 직접 오르면서 이 사업에 대한 '전도사'와도 같은 열정이 타올랐고, 인생역전의 달콤한 열매 또한 뒤따랐다.

자이언트는 자전거업계에서 세계 선두 자리를 지키고 있으며, 회사의 시장가치도 신기록 갱신을 이어가는 중이다. 하지만 리우 회장은 "살면서 가장 가치 있었던 일은 일흔셋에 자전거 일주를 완주한 것"이라 주저 없이 말한다. 100퍼센트 자신의 힘으로 바퀴를 굴려야 하며, 어떤 운도 끼어들 수 없는 인생의 기록이기 때문이다.

그는 또한 "살면서 가장 보람 있었던 일은 공용자전거 시스템 '유바이크'를 세계 제일로 만든 것"이라 말한다. 이윤을 위한 사업은 아니지만 사람들이 자전거를 타면서 즐거워하는 모습이 그에게는 무엇보다 큰 기쁨과 위로가 되었다.

자이언트라는 사업이 계속해서 성과를 낼 수 있었던 것은 이런 삶의 단련이 뒷받침되었기 때문이리라. 그가 얻은 인생의 교훈은 나에게도 깊은 깨달음을 주었다. 함께 자전거를 타며 나눈 모든 이야기는 지혜로운 사도에게 받은 마음의 세례와 같았다.

아마도 그런 순간들이 바로 인터뷰의 치명적인 매력일 것이다. 대부분의 사람들이 가보지 못하는 뉴스의 현장에 직접 찾아가, 카메라 밖의 생생한 장면들까지 풍부하게 체험할 수 있으니 말이다. 그렇게 이야기를 나누다 보면 인터뷰 대상이 살아온 과정이 영화처럼 펼쳐진다.

불경 첫머리에는 '如是我聞(여시아문, '나는 이렇게 들었다'라는 뜻-옮긴이)'이라는 글귀가 나온다. 부처의 법회를 따라다니며 모든 말씀을 기록한 아난다(阿難陀)처럼 나는 기자로서 운 좋게도 킹 리우 회장과 함께 자전거에 올라 그의 인생 이야기를 직접 들었다.

'如是我騎(여시아기, 나는 이렇게 (리우 회장과 함께 자전거를) 탔다는 뜻-옮긴이).'
여기에 그 이야기를 소개한다.

course ③

낡은 길을 벗어나 최적의 경로를 개척하기

course

①

무엇을
향해
달릴 것인가?

살면서 가장 어려운 일은 나 자신을 아는 것이다.
The most difficult thing in life is to know yourself.

_탈레스(Thales)

돈 벌 궁리를 멈추는 순간, 성공의 길이 열리다

2014년 6월 7일, 80세 생일을 하루 앞둔 날 자이언트그룹의 킹 리우 회장은 아주대학교에서 경영학 명예박사학위를 받았다.

"이제부터 박사가 되는 법을 다시 공부할 겁니다!"

식장을 가득 메운 졸업반 학생들 앞에서 학위증을 받으며 리우 회장은 이렇게 입을 열었다.

"이제 제가 배울 곳은 졸업장 없는 최상급 대학, 바로 사회뿐이겠죠."

모범생도 아니요, 대학도 나오지 못한 자신이 이 자리에 선 것이 꿈만 같다고 그는 감회를 밝혔다.

"젊었을 때 저는 의욕은 넘쳤지만 의지가 부족했습니다. 2~3년에 한 번씩 직업을 바꿨죠……."

리우 회장은 연설의 첫머리에서 자신의 약점을 솔직히 이야기했다.

젊은 시절 리우 회장은 일의 중심을 잡지 못하는 사람이었다. 삶은 고단했다. 주식 투자자가 남들이 '대박 주'라 귀띔하는 주식마다 솔깃해서 손을 대듯, 돈이 된다는 사업은 일단 시작하고 봤다. 이윤을 최우선으로 하는 사업가였던 셈이다.

그러다 1972년, 서른여덟 살에 친구와 '자이언트기계 (Giant Machine)'라는 회사를 창업해 자전거 사업을 시작하게 되었다. 멋모르고 뛰어들고 나서 보니 생각보다 녹록치 않은 일이었다. 이 일을 하면서, 무얼 하든 노력을 쏟아붓고 성실히 운영해야 성공할 수 있음을 실감했다. 그동안 사업이 안정되지 못했던 것은 '진심'이 전혀 없었기 때문이었다.

'평생 이렇게 살아야 하는 걸까?'

스스로 날카로운 질문을 던졌다. 그렇게 자신을 있는 그대로 마주하며 부족했던 점을 철저히 반성했다. 그 직후 투자하거나 동업하고 있던 다른 사업들을 모두 접고 자전거 사업 하나에 온전히 집중하기 시작했다. 그때부터 그는 아무도 가지 않은 길로 들어섰다.

남들이 국내 사업에 열을 올릴 때 리우 회장은 해외시장으로 눈을 돌렸다. 외국 거래처에서 요구하는 품질 기준에 맞추기 위해 부품 생산업체들을 하나하나 찾아다니며 부품의 규격을 통일하도록 설득했다. 고행하는 스님과도 같은 심정이었다. 그렇게 초반 4년 동안을 아무런 수익 없이, 이를 악물고 버텼다. 쉽게 돈 벌 궁리만 했던 이제까지와는 완전히 달라진 모습이었다.

이러한 변화는 인생의 후반기를 흔드는 폭탄 심지가 되어, 무한한 가능성을 폭발적으로 발휘하도록 이끌었다. 리우 회장은 쉰이 다 되어 자체 개발한 브랜드를 출시하여 OEM의 굴레를 벗어나는 데 성공했다. 나아가 예순이 넘어서는 중국 시장의 성공을 넘어 타이완에서도 자전거산업을 정착시켰다. 업계를 이끄는 선두 기업을 만들겠다는 열정과 사명감으로 이룬 성과였다. 그리고 일흔셋이 되던 해에는 타이완 자전거 일주에 도전해 꿈을 향한 엔진에 다시 한 번 시동을 걸었다.

자이언트그룹은 연간 700만 대 정도의 자전거를 생산하는, 세계에서 영업수입이 가장 높은 자전거회사다. 자이언트는 자전거라는 전통 산업을 타이완에 정착시켰을 뿐 아니라, 타이완의 명품 자전거라는 간판을 달고 국제 시장에 진출했다. 현재 세계 80여 개 나라의 1만 2,000개가 넘는 매장에서 자이언트 자전거를 판매하고 있다.

한편으로 자이언트는 세계적인 변속기 선두 기업 시마

노(Shimano)와 함께 사이클 팀 '자이언트시마노(GIANT-Shimano)'를 결성했다. 이 팀은 2014년, 세계 최고 권위의 사이클 경주 '투르 드 프랑스'에서 좋은 성적을 거두며 사람들의 주목을 받았다.

킹 리우 회장의 인생 초반은 거듭된 방황의 시간이었다. 중반에서야 깨달음을 얻었으며, 반환점을 통과해 결국 달콤한 승리의 열매를 거머쥐었다.

그가 걸어온 여정을 돌아보면, 중요한 길목에 '자신을 알기 위한 노력'이 있었다. 자기를 알고자 노력하는 사람은 누구나 운명을 바꿀 수 있으며, 지난 경험과 잠재력이 비로소 스스로를 바꾸는 커다란 힘으로 작용하게 된다. 리우 회장은 삶 속에서 이를 절실히 체험했다.

자신을 제대로 알기란 결코 쉬운 일이 아니다. 그 과정은 자전거를 타는 것과도 같이, 다른 사람이 절대로 대신해줄 수 없는 기나긴 노정이다.

라이딩의 시작
나에게 가장 잘 맞는 자전거에 오르다

1

헛걸음도 쌓이면 노하우가 된다

나는 열아홉 살에 학교를 졸업한 뒤 아버지 밑에서 잠시 사업을 배웠다. 아버지가 투자하던 통조림, 밀가루회사 등에서 일을 했는데, 어린 탓인지 이런저런 제약이 많았다. 이래서야 내 능력을 제대로 발휘할 수 없겠다는 생각에 독립을 하기로 마음먹었다.

꽤 활동적인 성격이었던지라 다양한 업종에 뛰어들었다. 목재며 나사, 석회 공장에서 일하기도 했고 자동차 운송 일도 해보았다. 일본에서 물고기 사료를 수입해 판매했는가 하면, 선배와 동업으로 장어 양식장을 운영한 적도 있다. 그런데 모두 시작한 지 2~3년도 되지 않아 접어버리고 다른 업종으로 전향하기 일쑤였다.

딱히 실패해서 철수했던 건 아니다. 그저 개미투자자가 여기저기 투자하듯, 술자리에서 대박 사업이 있다는 이야기를 듣거나 돈이 될 만한 새 투자처를 발견하면 당장 새로운 사업을 벌이고 싶었다. 타이완의 많은 젊은이들이 그렇듯 '경영의 신' 왕융칭(王永慶, 타이완 최대 기업 타이완플라스틱그룹의 창업자. 개인 재산 9조 원을 사회에 환원한 것으로 유명하다-옮긴이)이 되고 싶다는 야심과 충동이 전부였다.

자이언트를 창립한 서른여덟 살까지도 나는 나 자신을 몰랐다. 자전거 사업이 내게 가장 잘 맞는 일이라는 확신이 선 것은 50~60세 무렵이었다. 먼 길을 돌고 돌아서야 나를 제대로 알게 된 셈이다.

운 좋게도 나는 재기불능한 상황까지 몰렸던 적도 없고, 배울 기회 또한 끊이지 않았다. 다양한 사업을 운영해본 경험은 훗날 가장 소중한 지식의 기반이 되었다. 성격이 전혀 다른 여러 가지 사업을 경영하면서 저마다의 난관을 경험해본 덕에, 다양한 분야에 적용되는 공통된 교훈을 얻을 수 있었다. 그것을 한마디로 요약하자면 '소비자의 니즈'에 중점을 두어야 한다는 것이다. 사업은 이윤을 창출하기 위한 활동이다. 제아무리 기발하고 스스로 생각하기에 매력적인 아이디어라 해도, 소비자가 사지 않으면 아무 소용이 없다.

서른여덟 전에는 왜 그리 여러 업종을 떠돌았을까? 이제와 돌이켜보면 나 자신의 뿌리를 찾지 못하고, 내가 어떤 사람인지 제대로 알지 못했기 때문이다.

자신을 정확히 알기는 어렵다. 남들 눈에는 어리숙해 보여도 스스로는 자신감 있는 경우도 있는가 하면, 남들은 추켜세우는데 자신은 그렇게 생각하지 않을 때도 있다.

나는 자신을 알아가는 길에서 많이 헤맸다. 주변 사람들 눈에는 헛걸음도 꽤 하는 듯 보였으리라. 하지만 그 경험들은 내 삶에 중요한 양분 역할을 했다.

예를 들어 자이언트를 창립하기 전 일본 업자와 거래를 해본 덕에, 일본 업계에서 통용되는 '일본공업규격(JIS: Japanese Industrial Standard)'을 잘 알고 있었다. 그런 사전 지식이 없었다면 자전거 사업에 뛰어든 초기부터 타이완 자전거 부품 업계를 선도하겠다는 꿈을 꾸지 못했을 것이다. 나는 일본에서 배운 노하우로 국가표준(C N S : Chinese National Standard) 제정에 앞장서 자전거의 품질을 근본적으로 개선할 방법을 찾고자 했다. 타이완 자전거업계에서는 유례없는, 혁신적인 목표였다.

사업가 마인드, 기업가 마인드

●

자전거 사업 초기에는 OEM 방식을 택했다. 흔한 사업가의
마인드로 하루 종일 영업을 뛰고 환어음으로 제품을 팔았
다. 엄밀히 말하면 수동적인 경영이었고, 전에 했던 장어 양
식 같은 무역 사업과 본질적으로 다르지 않았다. 경기에 따
라 수익이 달라지다 보니 '어떻게 하면 최소한의 시간에 최
대한의 돈을 벌 수 있을까'가 유일한 관심사였다.

그렇게 '열심히만' 회사를 운영한 결과, 자이언트를 설립
한 지 15년이 되던 해부터는 거래처들이 떠나면서 거래가
끊기고 주문량이 절반으로 내려앉았다. 나의 경영 마인드
가 성숙해지기 시작한 것은 그 무렵부터였다. '자이언트'라
는 브랜드를 창립하고 끌어왔지만, 브랜드의 성공은 하루
아침에 이루어지지 않는다는 사실을 그전까지는 실감하지
못했다.

이윤만을 추구하는 근시안적인 생각으로는 더 이상 나아
갈 수 없었다. 제품의 품질에 철저히 책임지겠다는 성실한
마음이 고객을 감동시키고 시장에서 인정받을 수 있다는
자각이 들었다.

이후 자이언트는 기존의 OEM 방식에서 벗어나 독자적
인 브랜드로 거듭났다. 이제 시장에서 제품에 대한 의견을

주도적으로 제시하고 가격을 결정할 수 있게 되었다. 비로소 경영의 주도권을 제대로 쥔 셈이다. 그리고 어느 순간에 이르자, 타이완을 넘어 세계로 뻗어나가는 길이 열렸다.

특히 브랜드를 구축하는 것은 다른 사람에게서 배울 수 없는 일이다. 나를 더 깊이 알아가고, 앞으로의 트렌드를 주시할 때 나만의 경영 철학이 생기기 시작한다.

돈 되는 사업을 찾아 2~3년마다 직업을 바꾸던 내가 어떻게 자전거 사업 하나에 집중하게 되었을까? 무엇보다 나 자신을 쉼 없이 찾고, 내가 속한 산업과 제품을 배우는 과정에서 그런 변화가 일어났다. 삶이 제자리를 찾으면서 내가 알고 있던 것들의 진가가 발휘되기 시작한 것이다. 그렇게 '사업가'이던 나는 '기업가'로 변했다.

애플의 스티브 잡스(Steve Jobs)나 알리바바의 창립자 마윈(馬雲)처럼 나이 50도 되지 않아 최고의 사업 수완을 발휘하는 천재 사업가들도 더러 있다. 그러나 대부분의 평범한 사람들이 모두 잡스나 마윈이 되기를 기대할 수는 없다.

성공한 사업가 대부분은 내가 그랬던 것처럼 수차례의 방황과 실패를 겪었을 것이다. 그리고 쉰이 넘어서야 자기 자신을 정말로 알게 되고, 자기 일을 한눈에 조망할 수 있게 되었을 것이다. 더불어 인격도 그만큼 성숙해져 충동이나 감정에 휘둘리지 않게 되었으리라. 그럴 때 비로소 상황을 정확히 파악하여 나름의 논리로 결정을 내릴 수 있는 법이다.

'주의 요망'은 한걸음 더 용기를 내라는 신호일 뿐

마흔, 쉰이 되도록 사업이 안정되지 않아 걱정하는 이들이 많다. 또 적지 않은 젊은이들이 내 집 마련은커녕 한 달 월급조차 제대로 저축하지 못해 불안에 쫓기곤 한다. 하지만 이런 초조함 때문에 눈앞의 이익과 성공만 바라보면 근시안적인 태도를 벗어날 수 없다. 빨리 성공하고픈 조급함에 떠밀려 정확한 자아상을 찾으려는 노력은 소홀해질 수밖에 없다.

공자는 '서른이면 뜻이 서고 마흔이면 현혹되지 않는다(三十而立, 四十不惑)'라고 했건만, 나는 쉰이 되어서야 휘청이지 않게 되었다. 50을 넘긴 지 오래인 지금까지도 나는 끊임없이 자신을 알아가고 있으며, 매 순간 새로운 나를 발견한다.

나를 모르면 숱한 고비에 맞닥뜨릴 때마다 한계에 도달했다고 판단하고 자신의 가능성을 스스로 한정 지어버리기 쉽다. 나 또한 젊은 시절에는 우리 회사가 세계에서 가장 큰 자전거업체가 되리라고는 생각지도 못했으니 말이다.

그러나 사람의 잠재력은 얼마든 계발할 수 있다. 물론 그러려면 의지가 있어야만 한다. 나의 숨은 자질을 충분히 들여다보고 또 다른 자신을 발견하고 나면 지금껏 경험하지 못한 자신감이 솟아난다. 뿐만 아니라 나를 대하는 주변 사람들의 태도 또한 완전히 달라진다.

73세와 80세 때 도전했던 두 번의 자전거 일주에서 나는 그 차이를 확실히 느꼈다.

일흔셋에 처음 자전거 일주를 할 때는 솔직히 나부터 자신이 없었다. 출발 전 갑자기 디스크가 재발해 병원에 갔더니, 자전거를 타려면 반드시 허리 보호대를 착용해야 한다고 권고했다. 또 위암 수술의 후유증으로 혈전정맥염을 앓았던 터라 말초정맥의 혈액순환을 위해 왼쪽 다리에 탄력붕대를 감아야 했다. 여기에 혈압과 혈중 콜레스테롤 수치도 높고 수면무호흡증 등 노인성 질환까지 겹쳐 건강은 계속 나빠지고 있었다.

가족과 친구들, 회사 임원들까지 내 나이에 자전거를 타는 건 위험하다며 나의 도전을 우려했다. 어릴 때부터 나를 유독 아끼던 우리 누님은 이렇게 핀잔하기도 했다.

"아이고, 어째 나이가 들어도 그리 애 같누. 아직도 동심이 남아 있는 거야?"

상황이 이렇다 보니 심리적인 부담이 컸고 '만에 하나 정말 완주에 실패하기라도 하면 지금껏 쌓은 내 이미지에 흠만 가는 거 아니야?' 하는 걱정도 은근히 들었다.

이 일주의 콘셉트는 연안도로를 따라 여행하며 먹거리를 즐기는 '보물섬 여행'이었다. 다섯 명으로 구성된 소규모 팀을 꾸렸는데, 모두 자이언트그룹의 동료들이었다. 외부에는 굳이 알리지 않았다. 타이베이 중정(中正)기념관을 출발할 때만 해도 언론은 조용했다. 우리끼리도 '어두울 때 출발하지 않는 게 어디냐'며 우스갯소리를 할 정도였다.

그러나 우리의 일주는 순식간에 언론매체에 대대적으로 보도되기 시작했다. 어떻게 알았는지 〈연합일보(聯合報)〉의 황자오시(黃兆璽) 기자가 혼자 차를 몰고 타오위안(桃園) 현까지 나를 따라와 인터뷰를 했고, 다음 날 신문에 대서특필된 것이다. 그 후 방송국 중계차들이 우리를 따라다니며 '자전거를 타고 타이완을 일주하는 노인'의 소식을 앞다퉈 취재하기 시작했다.

가오슝(高雄)에서는 당시 총통 경선 중이던 마잉주(馬英九) 전 타이완 총통과 만나는 일까지 있었다. 마침 그도 남쪽에서 북쪽으로 자전거를 타고 일주하던 중이라 우리 팀까지 덩달아 큰 주목을 받게 되었다.

그런데 여든이 되어 다시 자전거 일주에 도전할 때는 상황이 완전히 달라졌다.

　나는 첫 번째 일주 후에도 꾸준히 자전거를 탔다. 라이딩의 유산소 운동 효과 덕분에 그사이 고혈압이 많이 호전되었다. 더 신기한 것은 혈전정맥염과 수면무호흡증, 좌골신경통 같은 오랜 지병들이 약 없이 모두 완치되었다는 사실이다. 출발 전 병원에서 받은 건강검진 결과표에서 주의를 요하는 '붉은 글씨'는 한 자도 없었다.

　건강에 자신이 생기면서 마음도 한층 긍정적이 되었다. 나는 몸이 좋아진 것이 그저 내 느낌인지, 아니면 사실인지 확인해보고 싶었다. 그래서 7년 후 두 번째 자전거 일주에 도전할 때는 자이언트여행사의 행사기획 팀에 라이딩 일수를 줄이고 총 거리를 늘리자고 제안했다. 그것은 나의 개인적인 목표이기도 했다.

　내 몸과 마음이 건강해지니 주변 사람들의 태도도 180도로 달라졌다. 처음 도전했을 때는 가족이나 친구, 동료 할 것 없이 찬성하는 사람이 단 한 명도 없었다. 그러나 두 번째 시도 때는 정반대로 반대하는 사람이 없었다. 오히려 모두들 적극적으로 지지해주었다. 건강검진을 담당했던 의사까지도 자전거 타는 좋은 습관을 꼭 유지하라며 격려했다.

　만약 내가 50이 넘은 나이에 자이언트 브랜드를 개발하려는 한걸음을 내딛지 않았다면 어땠을까? 또, 일흔셋에 자전거 일주라는 꿈을 이룰 용기를 내지 않았다면 지금 나는 어떤 모습일까? 아마도 나에게 이만큼의 능력이 있다는 사실을 지금껏 모르고 살았을 것이다. 물론, 자이언트그룹이라는 큰 기업을 경영할 능력이 내게 있다는 것도 알지 못했으리라.

우리는 자신을 깊이 알아갈수록 더 풍성한 삶을 누리게 된다. 나는 내 삶에서, 그리고 자전거 위에서 그 사실을 직접 경험했다.

리우 회장이 알려주는
타이완 속담 속
경영 원리

바람 불 때 배를 몰아라
一時風, 駛一時船

항해를 할 때는 바람이 불어야 돛이 밀려 속도
가 나는 법이다. 바람이 잠잠하면 배가 멈춰 나
가지 않는다. 이와 같이, 상황에 따라 일을 처리
하고 시대에 발맞춰 발전해나가야 한다. 어제의
사고방식으로 오늘과 내일의 문제를 해결할 수
는 없는 일이다.

워밍업
나의 한계와 잠재력을 가늠하기

2

능력은 부딪치는 만큼 보인다

●

나는 타이중 사루(沙鹿)에서 태어났다. 아버지는 사업을 하셨는데, 당시 가오슝 펑산(鳳山) 일대에서 상당히 유명했던 '다위(大裕)산업'에 투자하여 통조림과 밀가루를 생산하고 거래하셨다. 장화(彰化)를 비롯한 몇몇 지역에서는 밀가루 공장도 운영했다.

아버지가 사업차 홍콩과 상하이, 일본을 자주 오가신 덕택에 우리 집에는 신기한 외국 물건들이 늘 많았다. 내가 사업의 재미에 눈을 뜨게 된 건 아마도 이때부터일 것이다.

나는 어려서부터 부모님 말을 따르기보다는 뭐든 스스로

해결하는 걸 좋아했다. 나이가 들어서도 그런 성격은 변하지 않았다. 젊은 시절 골프를 칠 때나 늘그막에 자전거에 빠졌을 때도 전문적으로 가르쳐주는 강사를 찾지 않았고, 사람들이 아무리 성의껏 조언을 해주어도 그냥 참고만 할 뿐이었다.

그런 성격의 이면에는 무엇을 배우든 스스로 연구해서 알아내야 진정한 '내 것'이 된다는 신념이 있었다. 선생님에게 배운다고 해서 그게 모두 내 지식이 되지는 않는다는 생각이었다.

체력의 경우도 마찬가지다. 여든 살 노인인 내가 자전거를 타고 하루에 얼마나 달릴 수 있는지는 내가 가장 정확히 느낀다. 그걸 어떤 공식이나 표준화된 측정 기준으로 계산하는 게 무슨 의미가 있겠는가.

하지만 이렇게 혼자서 익히고 통달하는 걸 좋아하는 성격은 때로 치명적인 단점이 되기도 한다. 자신의 능력을 종종 잘못 계산하곤 하기 때문이다.

언젠가 골프에 흠뻑 빠졌을 때였다. 일주일에 나흘을 골프장에 출근하다시피 했다. 해가 뜨기도 전에 혼자 골프장에 가서 날이 밝기를 기다렸다가 골프를 쳤다. 다른 사람들보다 젊으니 공을 더 멀리 칠 수 있으리라 자신했지만 실전에서 체력과 테크닉은 완전히 별개였다.

그래도 맹렬히 연습한 끝에 18홀 90타 정도의 실력에 도달했다. 이제 매달 2~3타씩 계속 줄여나가면 프로선수 수준인 72타도 멀지 않겠구나 싶었다. 하지만 기대와 달리 실력은 좀처럼 늘지 않았다. 친구의 설명을 듣고서야 골프 실력은 그렇게 쉽게 늘지 않으며, 특히 어느 정도 수준에 오르고 나면 그 이상 향상되기란 어렵다는 사실을 알았다.

좋든 싫든 이것이 자신을 알아가는 과정이다. 실전에 부딪쳐보아야 나의 능력이 어디까지인지, 어느 정도까지 향상할 수 있을지를 깨닫는다. 그 과정이 곧 나 자신을 진정으로 알 수 있는 기회인 셈이다.

가장 함께 일하기 싫은 사람

●

많은 부모들은 자녀가 자라면서 어떤 사람을 본받고 누군가처럼 성공하기를 바란다. 사회의 시선도 마찬가지다. 대중에게 잘 알려진 유명한 기업인들을 기준으로 삼아, 그들처럼 성공하지 못하면 미래가 없다는 가치관을 조장하곤 한다. 그래서 젊은 인재들은 너나 할 것 없이 대학을 졸업하면 빨리 돈을 벌고, 성공한 유명인들처럼 좋은 차와 좋은 집을 사고 싶어 한다.

그러나 솔직히 말하자면 실제로 누구를 따라하든 그 사람과 똑같아질 수는 없다. 타고난 DNA도 문제지만 처한 시간과 공간이 엄연히 다르기 때문이다. 덮어놓고 따라하기만 해서는 그 사람은 물론이고 자기 자신도 결코 뛰어넘을 수 없다.

경기장에 선 운동선수든, 회사를 운영하는 경영인이든 주변 사람에게 쉽게 흔들려서는 기량을 제대로 발휘할 수 없다. 성공한 사람들에게는 자기만의 판단력과 생각, 무엇보다 '이 일은 나 아니면 안 된다'는 강한 도전정신이 있다.

회사에서 함께 일하기 가장 싫은 사람은 누구일까? 시키는 일만 하는 사람이다. 열심히는 하는데, 이상하게 일을 맡기면 기대에 못 미치는 성과를 내놓거나 차질을 빚어 일을 그르친다. 이런 사람은 자신의 견해 없이 그저 순종하기만 하는 부류다. 다시 말해 군대의 연락병 역할에만 머무는 것이다. 그러다 보니 일을 진행하는 과정에 어떤 착오가 끼어들어도 걸러내지 못한다.

반대로 자신의 생각이 있는 사람은 일을 맡기면 함께 합의점을 찾아낸다. 어떻게 해야 할지 적극적으로 상의하고 참고할 만한 다른 의견도 활발히 제시한다. '내 일'이라는 책임감이 있기에 일의 단계마다 팀원들에게 진행 상황을 알리는 것도 게을리하지 않는다. 덕분에 팀원들은 서로 소통하며 피드백 결과를 공유할 수 있다. 이런 사람이 일을 이끌면 팀원 모두가 협력하여 업무를 원활히 처리하게 되고, 프로젝트의 승산도 높아진다.

고장 난 GPS의 교훈

●

사람마다 경험이 다르고, 숨은 능력이 다르다. 그러니 남들의 시선에 얽매이지 말고 내 능력을 계발하는 데 최선을 다해야 한다. 잠재력을 발견하기 전에는 스스로 한계에 부딪혔다고 느끼겠지만, 일단 해보는 것이 중요하다. 어떤 실적이나 성과를 내보아야 자신의 능력이 어디까지인지를 분명히 확인할 수 있는 법이다.

'내가 되는 법을 계속해서 익히라.'

아주대학교 학위수여식에서 졸업을 앞둔 젊은이들에게 나는 그렇게 권면했다. 내가 된다는 것은, 실제로 행동하여 자신을 더 정교하게 다듬고, 끊임없이 에너지를 만들어내는 것을 의미한다.

내가 되어야만 잠재력도 끌어낼 수가 있다. 우리는 저마다 나름의 잠재력이 있지만 그 크기가 어느 정도인지 전혀 가늠하지 못하는 경우가 많다. 산 정상에 올라보지 못한 사람은 전체 풍경을 결코 알 수 없다. 삶에서든 일에서든 부딪쳐보지 않고 또 다른 정상에 올라보지 않으면 새로운 무대와 기회를 발견할 수 없다. 한 단계 더 발전할 가능성이 분명 있는데도 그냥 놓치고 마는 것이다.

몇 년 전, 나는 주말마다 새벽같이 자전거를 탔다. 경로는 늘 같아서, 집을 출발해 타이완대로를 따라 중커(中科) 단지로 빠지곤 했다. 마지막 코스는 다두산(大肚山) 정상의 타이중 도회공원(都會公園)으로 향하는 길을 오르는 것이었다. 하지만 2킬로미터가량 되는 그 길을 절반 정도 오르고 나면 체력이 완전히 바닥나는 걸 느꼈다. 그래서 늘 돌아 내려오기를 반복했고, 끝까지 올라갈 시도는 한 번도 하지 않았다.

그렇게 한동안 자전거를 타다가 하루는 이렇게 제자리에 머물러 있으면 안 되겠다는 생각이 들었다. 그래서 반드시 정상까지 오르겠다는 목표를 세웠다. 다두산 어귀까지 달려온 것만으로도 지치고 힘들었지만 '더 올라갈 수 있다'는 생각에만 집중했다. 다른 생각은 모두 떨친 채 계속해서 페달을 밟았다. 그리고 어느 순간, 나는 정말 정상에 도착해 있었다!

내 능력은 내 생각보다도 한참 넉넉했다. 그 경험으로, 잠재력은 자신에게만 보이는 것임을 깨달았다. 하지만 안타깝게도 실제로 도전하지 않으면 자신조차 그 잠재력을 알지 못한 채 지나가게 된다.

한번은 이런 일도 있었다. 2009년 네덜란드로 원정 라이딩을 갔을 때였다. 미리 설정해둔 GPS 경로를 따라가는데 하루는 GPS가 고장 나고 말았다. 설상가상 인솔자도 길을 몰라 직접 가면서 길을 찾을 수밖에 없는 상황이었다.

우리는 울퉁불퉁한 돌길을 한참 지나 마침내 목적지에 도착했다. 길을 헤매느라 전혀 신경 쓰지 않던 속도계에 그제야 눈이 갔다.

'120킬로미터.'

나는 눈을 의심했다. '속도계가 고장 난 거 아니야?' 하는 생각이 들 정도였다. 평소에는 많아야 80킬로미터, 최고로 달린 날이라 해도 100킬로미터 이상 자전거를 탄 적이 없었다. 그런데 어떻게 내가 120킬로미터를 달릴 수가 있겠는가! 다른 대원의 속도계와 몇 번씩이나 비교해본 후에야 내 최고 기록을 갱신했다는 사실이 믿겨졌다.

이 두 번의 경험으로 나는 사람이 때로는 바보 같아야 자신의 한계를 깰 수 있다는 것을 몸소 깨달았다. 내 체력은, 혹은 능력은 이 정도라고 한정 짓는다면 잠재력은 거기서 끝나고 만다.

소 대신 말

無牛駛馬

농사를 짓는데 소가 없다면? 말을 이용해 밭을
갈면 된다. 조직을 새로 꾸리거나 사업을 시작
할 때 적임자가 눈에 띄지 않을 수도 있다. 하지
만 전공자가 아니라고, 혹은 관련 경력이 없다
고 일을 못한다는 법은 없다. 달리던 길을 멈추
지 말고, 훈련을 통해 각 사람의 새로운 능력을
계발하는 편이 현명하다.

핸들 조절하기
무엇을 좇느냐에 따라
핸들의 방향이 달라진다

3

볼트와 너트가 맞지 않는 자전거

사람들은 자전거에 심취한 내가 타이완 일주도 모자라 중국과 일본, 네덜란드까지 원정을 나가는 걸 보고 이렇게 짐작하곤 한다. 리우 회장은 처음부터 자전거에 워낙 관심이 많았던 사람이려니, 그래서 자전거 사업까지 시작한 거겠거니 하고 말이다.

그러나 사실은 전혀 그렇지 않다.

내가 자전거 사업에 뛰어든 것은 흥미와는 아무 상관이 없다. 서른여덟 되던 해, 선배와 함께 투자한 장어 양식장이 잘 풀리지 않은 탓에 사업을 접은 지 얼마 지나지 않은 때였다. 친구 몇 명과 밥을 먹으며 우연히 사업 이야기를 나누었는데, 누군가가 미국 자전거 시장이 꽤 괜찮다고 슬쩍 말을 꺼냈다. 같이 사업을 한번 해보자는 친구의 제안에 응해서 자금을 모아 '자이언트기계'를 세운 것이 자전거 사업의 시작이었다.

'자이언트'라는 상호도 우선순위에 있던 이름이 아니었다. 당시 타이완에서는 청소년 야구 붐이 한창이었는데, 타이난(台南) 자이언트 팀이 미국 윌리엄즈포트(Williams-port)에서 열린 월드시리즈에서 챔피언 자리를 차지했다. 주주들은 이 팀의 유명세를 빌려 '자이언트산업(Giant Industry)'이라는 이름으로 회사를 등록하려 했으나 상호가 이미 등록된 상태였던지라 어쩔 수 없이 '자이언트'로 바꾸었다. 초대 이사장 역시 내가 아니라 가스 회사를 운영하던 친구였고 나는 그냥 사장 직함만 달고 있었다.

친구의 제안으로 큰 관심 없던 분야의 사업을 시작한 것이다 보니, 처음에는 별다른 열정이 일지 않았다. 그저 부업 삼아 오전 10시쯤 출근해 결제 도장을 찍고 오후에 퇴근해 쉬면 되겠다는 안이한 마음이었다. 밤낮도, 가정생활도 없이 양식장에만 매여 지내던 생활을 끝낼 수 있으리라는 생각에 후련하기까지 했다.

그런데 막상 사업을 시작하고 나니 생각처럼 일이 쉽지

않았다. 하루하루 새로운 상황에 부닥치는 날들이 계속됐다. 특히 문제는 여러 생산업체가 사용하는 부품의 규격이 서로 달랐던 점이다. 각 업체가 제조한 휠과 타이어, 볼트와 너트가 맞지 않았다. 자연히 출고되는 자전거마다 품질은 형편없었다. 우리 물건을 수입한 외국의 고객들에게서 항의를 담은 팩스가 빗발쳤다. 어디서부터 개선을 해야 할지 모를 정도였다. 이전과는 경영 환경도 전혀 달라서 그야말로 사면초가에 몰린 심정이었다.

총체적 난국에 빠진 나는 스스로에게 물었다. 이 사업을 계속할 것인가? 자전거가 이렇게 노력을 들일 만한 업종인가?

그러나 그만두겠다는 생각은 쉽사리 할 수 없었다. 우선은 자존심 때문에 패배를 인정하고 싶지 않았다.

한편으로는 이런 반성의 마음도 들었다.

'이번에도 제대로 해보지 못하고 관두면 내가 평생 어떤 성과를 낼 수 있을까? 이렇게 몇 년마다 업종을 바꾸다가 나이 들어서는 무슨 일을 할 수 있겠어?'

사업 가능성을 평가하면서 알게 된 사실이지만, 당시는 타이완 경제가 발전하던 시기라 교통수단이 대부분 자전거에서 자가용으로 대체되는 상황이었다. 국내를 보자면 취약 계층과 학생들의 통근 수단으로서 약간의 내수시장만

남아 있었다. 그러나 해외로 눈을 돌리면 방대한 시장과 수요가 펼쳐졌다. 뿐만 아니라 자전거 사업은 세계적으로 몇 안 되는 '만년 산업'이었다. 넓은 시야로 끈기 있게 매달려볼 만하다는 판단이 섰다.

더욱이 나를 응원해주고 사업 자금을 계속 지원해주는 누님을 더 이상 실망시킬 수 없었다. 나는 자전거 사업을 제대로 한번 해보기로 결심했다.

그렇게 자전거 사업에 몸담은 지 벌써 40년이 넘었다. 시작은 '우연'이었지만, 과정 속에서 무언가를 이루겠다는 의지가 생겨난 셈이다.

즐겁기만 한 일은 결코 즐겁게 끝나지 않는다

●

종종 젊은 친구들을 만나 얘기를 나누는데 이런 말을 듣곤 한다. 사업을 하게 된다면 본인이 흥미 있는 분야를 택하고 싶다고. 그러나 나는 흥미와 사업은 다르다고 말해주고 싶다. 어릴 때부터 좋아했던 분야를 평생 업으로 삼아 성공하는 건 말처럼 쉬운 일이 아니다. 오히려 반대로, 우연히 맡은 일을 해내거나 사람들에게 인정을 받아 성취감을 느끼면서 뒤늦게 그 분야에 흥미가 생기는 경우가 많다.

다시 말하자면 흥미와 사업은 하나로 묶어 얘기할 수 없는, 전혀 차원이 다른 것이다. 사업에는 주주, 그리고 고객과의 이해관계가 존재한다. 먹고 살기 위한 심각한 일이다.

이에 비해 흥미는 돈벌이가 되든 안 되든 본인만 즐거우면 지속할 수 있다. 사업을 하면서 흥미도 채울 수 있다면 물론 가장 좋겠지만, 그러기 위해서는 자신의 흥미가 시장성이 있는지를 꼼꼼히 따져보아야 한다. 그저 내가 좋아하는 일, 나 혼자 즐거운 일이라면 사업으로 연결되지 못한다.

시장과 수요가 존재하지 않으면 아무리 노력해도 성과를 얻을 수 없는 법이다. 안 되는 일에 매달리니 좌절감 때문에 자신감도 무너지고, 더 깊이 파고들 흥미마저 잃고 만다. 이러한 악순환에 삶은 발전하지 못하고 계속 제자리걸음을 한다.

젊은 시절 나는 틀에 매이는 성격은 아니어서, 흥미를 느끼는 분야만 고집하지는 않았다. 대신에 사업하는 사람들이 보통 그렇듯 모든 것을 '돈'과 연결 지어 생각했다. 아무래도 내가 사업가 집안 출신이니 남들보다는 경영에 소질이 있을 거라고 믿었고, 사업적인 기회를 판단하는 눈이 있다고 자신했다. 지금 생각해보면 주식시장의 흔한 개인투자자들과 다를 바 없는 모습이었다. 오늘 산 주식이 내일 당장 상한가로 마감하리라는 망상에 젖어 있었다.

자이언트를 창립한 후 사업이 서서히 토대를 찾아 뿌리를 내리긴 했지만, 10년 동안 OEM 주문에 의존했기에 그저 '물건을 팔아 돈을 번다'는 마인드에 머물렀다. 진정으로 '사업을 운영하는' 차원과 구도에서 이 일을 바라보게 된 것은 예순이 되어서였다.

브랜드를 개발하면서 나는 지속 가능한 경영이 왜 중요한가를 깨달았다. 돌아보니, 돈을 벌기 위해 사업을 하는 것은 인생의 가장 가벼운 목표에 지나지 않았다.

'큰 사업'은 이윤 이상의 가치에서 태어난다

회사를 운영하면서 이윤을 내지 못하는 것은 물론 실책이다. 그러나 사업이 성공하려면 이윤 이상의 가치가 분명 존재해야 한다. 사회적으로 의미 있는 일이거나, 혹은 소비자들의 기대를 뛰어넘는 제품이나 서비스를 제공해야 한다. 돈 내고 상품을 구매하는 고객들이 만족하고, 공감하고, 놀라워하며, 그들의 생활에 어떤 유익이 발생해야 한다. 이런 노력이야말로 성공하는 사업의 기본 조건이다.

돈을 우선순위에 놓고 눈앞의 이익만 따지면 결코 사업의 규모를 키울 수 없다. 소비자의 기대를 뛰어넘고 사용자를 감동시키는 수준의 제품은 당연히 나올 수 없다.

나 역시 예순이 넘어서야 이런 경영 마인드가 명확히 정립되었다. 젊을 때는 그저 어떻게든 돈을 많이 벌 생각뿐이었다. 젊으면 무지하다는 이야기가 아니다. 젊은 시절에는 그 사람의 상황과 위치, 시선 등 모든 부분에 맹점이 생기기 쉽다는 의미다.

현재의 구도에 이르러서야 나는 문제를 풀어나갈 착안점을 더 멀리, 폭넓게 두게 되었다. 그리고 지금도 한 차원 더 높은 구도를 구상하려 끝없이 노력 중이다.

2014년 5월, 회사에서 두 번째 자전거 일주 행사가 열렸다. 이 행사를 준비하면서 나는 어떤 상업적 요소도 끼어들어서는 안 된다는 점을 동료들에게 거듭 당부했다. 자전거의 좋은 점을 대중에게 알리는 행사이니만큼, 절대로 제품 판매를 목적으로 해서는 안 된다는 뜻이었다.

젊은 시절 돈만 바라보는 실수를 하긴 했지만, 나는 기본적으로 '일하고자 하는 마음만 있다면 먹고 살 수 있다'는 믿음이 있었다. 어릴 때부터 대가족이 함께 살았던 영향도 있을 테고, 무엇보다 사업가 아버지의 모습을 직접 보면서 자연스럽게 그런 신념을 배웠다. 아버지의 사업은 불안정했지만 한 번도 의지를 꺾은 적은 없으셨다. 그 덕에 나는 다행히 얻고 잃는 모든 것을 돈으로 환산하며 살지 않았다.

사업은 인생과도 같아서 수차례 격동을 겪은 후에야 훌륭한 성과를 얻을 수 있다. 한 번 실패했다고 의지를 모두 접고 다시 일어서지 못하는 사람들도 있지만, 세상은 그렇게 쉽게 끝나지 않는다.

돈보다 더 중요한 것은 신용, 직원과 주주, 사회에 대한 책임, 특히 고객의 만족도다.

몇 년 전 회사가 연이은 적자를 내던 상황에서 나는 이사진 전체의 반대를 무릅쓰고 한 가지 결정을 내렸다. 타이베이 시의 공용자전거 사업 'YouBike, 스마일바이크'를 민간투자사업(민간 기업이 자금을 조달하여 사회기반시설을 준공하고 일정 기간 관리·운영한 후 정부에 그 소유권을 이양하는 것-옮긴이) 형태로 인수한 것이다. 나의 평소 신념이 이 결정에 밑바탕이 되었다.

이제까지 사업을 경영하면서 파산 직전까지 간 적도 여러 번이었고, 연이은 시련에 움츠러든 적도 있었다. 만약 돈이 우선이었다면 '평생 다시 일어서지 못하면 어쩌지?' 하는 두려움에 사로잡혔을 것이다. 하지만 더 중요한 것이 있다고 믿었기에 당장의 어려움을 벗어나 새롭게 시작하는 데만 집중할 수 있었다.

리우 회장이 알려주는
타이완 속담 속
경영 원리

빨리 데우고 빨리 식히면 빨리 상하지만, 끓이지 않고 식히지 않으면 오래간다

快熱、快冷, 快臭酸; 無燒、無冷, 卡久長

음식을 갑자기 식히거나 데우면 쉽게 상한다.
주식이나 부동산에 투자할 때도 그렇다. 경기가
좋은 다음에는 반드시 버블의 위기가 찾아온다.
그런 측면에서 급성장이 회사에 꼭 좋은 것만은
아니다. 지속적인 경영을 위해서는 온건한 운영
만이 상책이다.

동반 라이딩
험난한 종주일수록 동행이 필요하다

4

학교에서 배울 수 없는 값비싼 수업, 세상 물정

●

학창 시절 나는 모범생과는 거리가 멀었다. 속된 말로 공부는 젬병이었고, 그렇다고 어른들 말을 고분고분 따르는 것도 아니었다. 청개구리 같은 반항아 기질은 지금도 여전하다. 골프나 자전거를 처음 시작할 때도 지인들이 그렇게 가르쳐주려 애썼건만 모두 실패했다. 뭘 하든 구속되는 건 질색이었기 때문이다. 내가 생각해도 참 고약한 성격이다.

이런 성격 때문에 직장 생활을 견디지 못하고 일찌감치 회사를 나와 내 사업을 시작했다. 나는 학교에서보다 사회에서 훨씬 많은 것을 배웠다. 왕왕(旺旺)그룹 차이옌밍(蔡

衍明) 회장은 "길거리에서 1년 방황하는 것이 (학교에서) 10년 공부하는 것보다 낫다"고 말했다. 교단을 무시하는 이야기로 들릴지 모르겠지만, 실제로 바깥에 나오면 학교에서는 배울 수 없는 '세상 물정'이 수두룩하다.

중국의 개혁개방 시절 초기, 홍콩중문대학(香港中文大學)의 초청으로 한 좌담회에 참석한 적이 있다. 좌담회의 주제는 '어떻게 기업가 정신을 키울 수 있는가'였다. 홍콩 교수는 '왜 학교가 기업가를 양성하지 못하느냐'고 질문했다. 나는 교사와 교수들의 가르침만으로는 기업가가 되기 어렵다고 솔직하게 내 생각을 말했다.

현실에 과감하게 부딪치고, 자신의 능력을 가두지 않는 창업가 정신은 세상 물정을 통해 길러진다. 거리에서 방황해본 사람은 어느 정도 인생을 안다. 여러 부류의 사람들과 부대끼며 인간의 본성을 이해하고, 그 속에서 중심을 잡는 법도 배운다. 뜻이 맞는 사람들과 협력하는 과정에서 자신을 따르는 무리도 생긴다.

역시나 자전거를 타면서 있었던 일이다. 여든 살에 두 번째 자전거 일주에 도전하던 중이었다. 셋째 날 장화 지역을 지나는데 메리다자전거 팀의 리더가 간선도로변에서 나를 응원해주는 모습이 보였다. 업계의 라이벌인데도 격의 없이 호의를 베푸는 대원들이 무척 고마웠다. 그래서 일부러 자전거를 멈추고 그들과 잠시 교제하며 성의를 표했다.

이것이 바로 내가 세상 물정을 통해 배운 일종의 예의다. 이전에도 라이딩 중에 나를 응원해주는 사람들이 많았다. 나는 늘 손을 흔들거나 휘파람으로 화답하며 인사를 대신했지, 자전거에서 내려 마음을 표할 생각은 하지 못했다.

사회 물을 꽤 먹었다 하는 사람들 중에는 자신이 머리가 특출하거나 수단이 뛰어나다고 자만하는 경우가 종종 있다. 그런데 그런 이들이 간과하는 사실이 있다. 그들이 정말로 머리가 명석한 것이라기보다는 그저 '잔꾀'가 발달했을 가능성이 크다는 것. 그리고 상업계 종사자들 사이에서 그런 잔꾀는 오히려 불신과 경계의 대상이라는 점이다.

따라서 스스로 머리가 좋고 기지가 뛰어나다 생각한다면 겸손한 태도를 지켜야 한다. 자기가 똑똑하다 생각하는 이들은 다른 사람의 말을 잘 듣지 않는 경향이 있다. 표면적인 얘기만 듣고도 모든 걸 완벽히 안다고 착각한다. 하지만 겸손한 사람은 아랫사람에게 묻기를 부끄러워하지 않고, 이해되지 않는 부분은 계속해서 묻고 배운다. 실력도 자연히 계속 향상된다. 또한 주변 사람들에게 진실하다는 느낌을 주게 된다.

내가 진심으로 베푼 것이 늘 즉각적인 보상으로 돌아오

는 건 아니다. 그러나 진심이 담긴 태도는 언젠가 반드시 열매를 맺는다.

두 라이벌 업체가 손을 잡고 뛰다

앞에서 가장 함께 일하기 싫은 사람이 '말만 잘 듣는 사람'이라 했는데, 자신의 생각만 옳다고 믿는 사람 역시 결코 함께하고 싶지 않다. 나는 창의력이 뛰어난 직원을 좋아하지만 그 사람의 모든 면을 인정하지는 않는다. 어떤 일이든 함께 완성하는 것이기 때문이다. 아무리 능력이 뛰어난 사람도 누군가와 힘을 합쳐야 일을 이룰 수 있다.

사람은 모두 저마다의 능력과 견해가 있다. 그러나 국가든 회사 조직이든 공통된 인식이 마련되어야 운영을 할 수 있다. 만약 회사에서 월등한 동료에게 질 수 없다는 생각에 너도나도 이의 제기를 하는 데만 매달린다면 조직이 굴러갈 수 없을 것이다. 그래서 개개인의 능력보다는 팀워크가 훨씬 중요하다는 것이다.

같은 조직뿐 아니라 다른 조직이나 업체와의 관계도 마찬가지다. 업계의 라이벌 사이에서도 때로는 경쟁보다 협력이 필요하다. 팀워크가 업계 전체의 생사를 결정짓는 경우도 있기 때문이다. 타이완 자전거업계에서부터 시작되어 현재는 타이완의 독특한 기업 문화로 자리 잡은 '에이팀'이 좋은 예다.

에이팀은 타이완의 자전거 조립업체 자이언트와 메리다, 두 회사를 필두로 선두 업체와 군소 제조업체들이 연합해 2003년 발족한 산업연맹이다. 도요타 자동차를 위탁 생산하는 타이완 궈뤠이(國瑞)자동차와 중웨이(中衛) 발전센터의 협조로, 도요타생산방식(TPS, 낭비 제거를 통해 최소한의 원가로 자동차를 생산하는 것을 목표로 한다-옮긴이)을 공동 도입했다.

에이팀이 발족할 당시, 타이완의 자전거업체들이 대거 중국 대륙으로 진출하면서 산업공동화현상(비용이 싼 해외에 공장을 세워 생산함으로써 국내의 거점 산업이 점차 소멸하는 현상-옮긴이)이 매우 심각했다. 1,000만 대에 달하던 수출량이 400만 대 밑으로 떨어질 정도였다.

나는 타이완의 자전거산업을 복구해야 한다고 생각했다. 이를 위한 해결책으로 떠올린 것이 바로 동종 업체 메리다와 연합해 '에이팀'이라는 산업연맹을 조직하는 것이었다.

당시 업계의 많은 이들이 우리의 계획을 듣고 비웃었다. 동종 업체끼리 협력해서 성공한 사례는 선진국에서도 전례가 없었기 때문이다. 그러나 나는 메리다의 청딩황(曾鼎煌)

회장에게 진심을 담아 호소했다.

"비상시국이니만큼 경쟁은 제쳐두고 두 회사가 함께 버텨봅시다. '어른들의 사귐에 아이 같은 마음은 버리라'는 일본 격언도 있지 않습니까. 우리가 힘을 합하면 타이완의 자전거산업이 유실되는 걸 막을 수 있어요. 산업구조를 전환하고 고급화할 방법을 찾을 수 있을 겁니다."

결국 자이언트와 메리다는 산업연맹을 체결하는 데 합의했다. 물론 그렇다 해도 한 분야에서 승부를 겨루는 두 회사의 경쟁 구도 자체가 사라진 것은 아니었다. 같은 거리에 점포를 둔 자이언트와 메리다의 사장들은 여전히 서로가 치열한 경쟁 상대였다. 하지만 이와는 별도로 에이팀은 하나의 공동체로서 기능했다. 우리는 어떻게 한 단계 높은 차원에서 협력하여 '고급 자전거'라는 새로운 전쟁터로 들어갈지를 고민했다.

6년의 진통 끝에 타이완 자전거의 수출 판매량은 2009년 430여 만 대로 증가했다. 더 중요한 것은, 산업 전반의 평균수출단가(FOB, Free on Board)가 한 대당 평균 110달러(약 12만 원)에서 6년 만에 세 배 가까운 300달러(약 33만 원)로 급상승한 것이다. 그 후 타이완 자전거의 평균수출단가는 현재까지 오름세를 이어가며 450달러(약 50만 원)라는 신기록을 달성했다.

매년 3월 열리는 '타이완 국제자전거전람회'의 규모도 놀라운 수준으로 발전했다. 전람회장의 면적은 현재 아시아 최대 규모를 자랑하며, 세계적으로는 독일의 유럽자전거전람회(Eurobik Show)에 버금가는 수준이다. 또한 각종 자전거 부품업체들이 타이완에 입주해 명실공히 세계 선두주자로서 우위를 다지고 있다.

이런 업계 전체의 단결과 조화 덕분에, 한때 일본이 장악하던 자전거산업의 주도권이 타이완으로 넘어와 든든히 뿌리내릴 수 있었다.

물론 함께하다 보면 내키지 않지만 해야 하는 일도 있다. 여럿이 자전거 일주를 할 때 갑자기 화장실에 가고 싶더라도, 뒤에 오는 대원들을 생각해 다음 휴식 시간까지 참을 수밖에 없는 것처럼 말이다.

몸으로 배우라

이렇게 경영 위기가 닥쳤을 때 어떻게 동업자를 찾아 협력해야 하는지 경영학 교과서는 가르쳐주지 않는다. 각자의 이익과 노선에 따라 이합집산하는 구체적인 방법은 세상 물정을 통해 배울 수밖에 없다. 다시 말하지만 학계를 비판

하려는 것이 아니다. 학교에서 가르치는 것은 응용할 수 있는 '지식'인데, 실제 사회에서 필요한 것은 꾸준한 실전 경험을 통해 쌓이는 '지혜'임을 강조하려는 것이다.

나는 학교를 중퇴하여 학위를 받지 못했지만 후회한 적은 없다. 사회에 진출해 여러 업종을 차례로 거치며 현장 감각을 익히는 대신, 학교에서 공부에 매진했다면 오늘날의 성과는 없었을지도 모른다.

학위 없는 최상급 대학인 사회에서 익힌 노하우와 식견들은 모두 개인의 데이터베이스로 구축된다. 내가 우리 직원들에게 자주 강조하는 말이 있다. 바로 '미래가 현재를 결정한다'는 것이다. 데이터베이스가 충실해야 앞으로의 추세를 정확히 판단할 수 있다는 의미다.

거듭 강조하지만, 공부하지 말고 길거리에서 몇 년 방황하다 보면 성공할 수 있다고 부추기는 것이 아니니 오해 없기 바란다. 학교를 다니든 사회생활을 하든, 어디서나 끊임없이 배우려는 자세가 중요하다는 것이 내 이야기의 핵심이다.

종이 나쁘면 북이 고생이요, 하나가 잘못하면 모두가 고생한다

歹鐘累鼓, 歹尪累某

합주를 할 때 한 사람이 종을 잘못 치면 청중은 그 사람만 탓하는 것이 아니라 오케스트라 전체를 나무란다. 부부도 마찬가지로 한 사람이 잘못하면 가족 전체가 연루된다. 팀원 한 사람이 팀 전체가 노력한 성과를 망칠 수 있으니 '나 하나쯤이야.' 하는 태도를 늘 경계해야 한다.

페달링
페달을 멈추는 순간
자전거는 넘어진다

5

불량품의 대명사에서 명품 브랜드로

•

한 젊은 학생이 이런 질문을 한 적이 있다.

"타이완플라스틱그룹의 왕융칭 회장처럼 아흔이 넘도록 죽어라 일만 하면 인생이 보람 있을까요? 평생 악착같이 노력했는데 그 성과를 누리지 못하는 것도 좀 서글픈 일 아닌가요?"

나는 그 친구에게 한 사람의 '삶의 가치'를 함부로 재단할 수는 없다고 답해주었다.

나는 왕 회장이 타이완 경제에 크게 이바지한 매우 위대한 사람이라 생각한다. 그가 없었다면 타이완 석유화학공업의 기반을 닦을 수도 없었을 것이다. 그는 인생의 가치를 '성취'에 두었다. 누리는 데 가치를 두지 않았으니, 평생 고생만 한 인생이라고 단정할 수 없는 것이다.

나는 왕 회장이 아흔 살 넘게 장수할 수 있었던 것도 열심히 일한 덕분이라 믿는다. 조물주가 우리에게 건강한 몸과 두뇌를 준 것은 잘 사용하라는 의미일 것이다. 써먹지 않고 멈추면 반응이 둔해진다. 반대로 배울수록 호기심이 생기고 지식을 더 채우고 싶어지며, 새로운 도전을 할 때 성취감이 솟아난다.

인생의 가장 큰 즐거움은 돈을 많이 버는 것이 아니라 성취감을 느끼는 것임을 나는 매순간 절감한다. 이윤을 첫 번째로 삼고 경영하는 사업은 오래가지 못한다. 설령 오늘 돈을 좀 벌었다 해도 내일과 그 다음날에는 순위에서 허무하게 밀려나는 일이 다반사다. 그렇기에 정말 큰일을 하는 사람은 이익에 우선순위를 두지 않는다.

타이완에서 자전거 사업은 한때 사양산업이었다. 자전거 장수는 결혼도 못 한다 할 정도로 비인기 업종이었던 때가 있었다.

자이언트를 창립하고 얼마 되지 않아 시장 개척의 기회를 가늠하기 위해 미국에 갔을 때였다. 어떤 파티에서 일본인 한 명에게 손을 내밀어 악수를 청했다가 거절당했다. 당시만 해도 타이완 제품의 품질이 형편없었는데, 그 사람은 내 인격마저 우리 제품과 동일시했던 것이다.

그 시절은 이제 옛이야기가 되었고, 자이언트 자전거는 세계적인 명품 브랜드로 이름을 떨치고 있다.

지금까지의 삶을 돌이켜볼 때 가장 뿌듯한 일은 바로 자전거를 선택한 것이다. 농담 삼아 하는 말이지만, 만약 그때 햄버거 사업을 했다면 배만 나오고 지금처럼 건강하지 못했을 것이다. 자전거로 내 인생을, 그리고 다른 이들의 삶을 조금이라도 나아지게 만들었다는 성취감. 그것은 돈으로 결코 살 수 없는 가치다.

페달 한 바퀴의 힘

●

나는 스스로 '자전거 전도사'라며 허풍을 떨곤 하지만 실제로는 조용한 성격이다. 그런 탓에 처음 자전거 행사를 개최할 때는 100~200명을 모으기도 어려웠는데, 다행히 이제는 수천 명이 예사로 신청을 해와서 수고를 덜었다. 자이언트 단독 행사뿐만 아니라 '세계 차 없는 날', '바이크 페스티벌', '타이완을 돌아 앞으로' 등 정부와 함께 기획하는 공동 행사도 다양하게 치른다.

이런 40년의 노력 끝에 자전거가 스포츠 트렌드와 서서히 결합하면서 자전거에 대한 사람들의 고정관념도 바뀌기 시작했다. 최근에는 기업의 고위 임원, 업계의 대표들, 여론을 선도하는 각계 지도층에서도 자전거 라이딩 붐이 활발히 일고 있다. 이제 더 이상 자전거는 가난한 사람들이 선택하는 교통수단이 아니다. 거리를 가득 메운 '자전거 전도사'들을 보면 개인적으로 큰 성취감을 느낀다.

지난 시간 동안 나는 사업이 자전거와 같아서 페달을 밟는 만큼 앞으로 나가고 발을 떼는 순간 넘어진다는 것을 느꼈다. 그래서 조금이라도 나아가려는 노력을 끝없이 해야 하는 것이다. 어떤 사업이든 한계는 없다. 산 정상까지 올라가 보지 못한 사람은 산 위에 펼쳐진 또 다른 기회를 알 수 없다.

나는 청년들에게 인생도 자전거와 마찬가지라고 늘 조언한다. 자전거를 탈 때 한발 내딛어야 앞에 펼쳐지는 풍경을 볼 수 있듯이, 인생도 두려워하지 말고 일단 뛰어넘고 보면 자연스럽게 다음 기회가 보인다. 자신감은 도전과 더불어 점점 더 커지게 마련이다. 도전을 시도해본 적 없는 사람은 단단한 자신감을 가질 수가 없다.

첫 번째 일주에서 가장 기억에 남는 것은 역시 가장 고생했던 구간이다.

체력이 좋은 편이라 생각했는데 일주를 시작하고 보니 결코 만만한 일이 아니었다. 다음날을 위해 일찍 잠자리에 들어 체력을 비축하는데도 매일매일 녹초가 됐다. 그래서 그 지역의 친구들이 친절하게 준비해둔 라이딩 후의 일정들은 취소해야 할 때가 많았다.

8일째 되던 날이었다. 우리는 남부순환고속도로의 가장 높은 곳, 셔우카 고개를 향해 출발할 예정이었다. 그런데 전날부터 슬슬 올라오던 감기 기운이 그날 아침 부쩍 심해졌다. 일어나면서부터 코가 막히고 머리가 지끈거렸다. 그날의 코스는 모두 21킬로미터로, 계속 이어지는 가파른 고개를 지나 해발 463미터까지 올라가야 했다. 이 컨디션으로 몸이 버틸 수 있을까 걱정이 되었지만 '타이완 일주'라는 기록을 세울 흔치 않은 기회를 놓치고 싶지 않았다. 나는 만일을 대비해서 함께 라이딩을 하는 동료들에게 여차하면 갈아탈 수 있게끔 전동자전거를 준비해달라고 부탁했다.

그날 셔우카 고개 위까지는 불과 5킬로미터가 남은 상황이었다. 나는 완전히 방전이 되어 팔다리에 힘이 하나도 남지 않은 느낌이었다. 더는 페달을 밟을 수 없을 것 같았다. 하지만 페달을 계속 밟지 않으면 자전거는 넘어진다. 마음속에서는 유혹의 목소리가 끊임없이 들려왔다.

'이 정도면 전동자전거로 바꿔 타야 하는 거 아니야?'

그러나 한편으로 이런 생각도 들었다.

'고작 반쪽짜리 목표를 달성하려고 이번 일주를 그렇게 공들여 준비한 거야?'

전동자동차를 타면 온전히 나의 발로만 페달을 밟는 것이 아니므로, 흠 있는 불완전한 기록이 되고 만다. 나는 목표를 완벽하게 이루고 싶었다.

사실 출발하기 전부터 셔우카에 대한 스트레스가 컸다. 셔우카 고개는 자전거로 타이완 국토종주를 하는 사람들 사이에 '로망'으로 통한다. 그 시험대를 통과해야 한다는 부담 때문에 은근히 마음이 무거웠다. 내가 해내리라는 확신은 들지 않았다. 하지만 평소 일을 할 때도 한번 하고자 마음먹은 것은 바꾸지 않는 성격인지라 오기가 발동했다.

결국 몇 번의 휴식 끝에 나는 끝까지 가기로 결정했다. 고개 정상까지 마지막 몇 킬로미터를 앞두고는 몸이 거의 마비된 듯했다. 어디서 나오는지 모를 의지만으로 페달을 밟았다. 그리고 목적지에 도착한 그 순간, 나는 흥분해 두 손을 들고 크게 외쳤다.

"올라왔다! 해냈어!"

가장 힘든 순간을 극복했다는 성취감과 기쁨을 억누를 수 없었다. 나는 지체 없이 핸드폰을 들었다. 자이언트그룹의 CEO 토니 로(Tony Lo), 그리고 아내와 누님 등 지인과

가족들에게 치열했던 무용담을 늘어놓았다. 함께한 자이언트 직원들이 입을 모아 말하기를, 수년을 같이 일하면서 내가 이렇게 좋아하는 모습은 처음이라고 했다.

셔우카를 통과해 내리막길을 내달려 짙푸른 태평양으로 향했다. 시야가 넓어지면서 무거운 짐을 내려놓은 듯 마음이 홀가분해졌다. 이제 남은 여정은 문제없다는 자신감이 차올랐다. 힘겨운 싸움에서 마침내 승기를 손에 거머쥔 기분이었다.

7년 후 두 번째 자전거 일주를 하며 다시 한 번 셔우카에 올랐다. 여든의 나이였지만 지난번 보다 훨씬 강해진 자신감과 의지로 단숨에 정상에 올랐다. 물론 피로가 몰려와 기진맥진했으나 중간에 쉰 횟수는 다섯 번도 되지 않았다. 고통이 심해질 때쯤 되자 목적지에 도착했다.

셔우카 고개에 도착한 그 순간, 나는 전과 같이 두 팔을 들고 다시 한 번 기쁨의 함성을 외쳤다.

"해냈다! 해냈어!"

지난번과 달라진 점이 있다면 처음 셔우카에 올랐을 때는 나 자신의 기록을 세웠다는 사실에 흥분을 주체할 수 없었는데, 두 번째 때는 '자전거의 신화'를 몸소 증명했다는 사실이 벅찼다는 것이다. 자전거를 탈수록 건강해지고, 나이를 거슬러 체력이 좋아지는 것을 내가 두 번의 라이딩으로 직접 체현했으니 말이다.

이것은 우연히 일어난 기분 좋은 사건이 아니라, 끊임없는 노력으로 이뤄낸 발전이었다.

엔진과 액셀을 떼어낸 정직한 성취감

●

그때 산 정상에서 느꼈던 기쁨은 큰 거래가 성사됐을 때보다도 더 깊었다. 내가 왜 그렇게까지 흥분했을까? 내 마음은 정확히 알고 있다.

자전거 페달은 한 번 돌릴 때마다 속도계의 숫자가 정직하게 올라간다. 전날보다 오늘 얼마나 더 달렸는지가 선명히 보인다. 오르막길을 향해 고통을 참고 달리면 곧 산 중턱에 이르리라는 믿음은 배신당하는 법이 없다.

무엇보다 이 모든 것을 엔진과 액셀의 도움 없이, 내 두 다리로 한 바퀴씩 페달을 밟아 이뤄낸다. 운이 거들어주지 않아도 나의 의지와 체력으로, 순전히 나 자신이 주체가 되어 삶의 기록을 세울 수 있다. 누구도 가져갈 수 없는 나만의 역사다. 그래서 남들이 인정해주지 않아도 순수한 성취감을 느낄 수 있는 것이다. 이렇게 성취감을 한번 맛보면 더 큰 의지가 생기는 선순환이 이어진다.

물론 사업을 경영할 때의 성취감은 자전거를 탈 때와는 다르다. 사업에 성공하기 위해서는 동료, 협력업체, 거래처, 정부 등 각 분야의 협조가 필요하다. 또한 전체의 노력 중에 내가 기여한 부분이 얼마나 되는지 정확히 계산하기 어렵다. 큰돈을 번다 해도 일에는 기복이 있고 적자가 나기도 한다. 그러니 내 삶이, 벌어들인 돈과 경영 수치로만 사람들에게 기억된다면 그처럼 허무한 일도 없을 것이다.

　　일을 할 때도 자전거를 탈 때와 같은 마음가짐으로 뛰어든다면 '성취의 질'이 달라지지 않을까 생각해본다. 한 번 페달을 밟는 심정으로 하루를 나아가고, 수익과 상관없이 내가 이 일을 통해 이루고자 하는 가치에 그만큼 올라섰다고 믿는다면 산 정상이 안겨주는 것과 같은 온전한 성취감을 누릴 수 있을 것이다.

남쪽에 도착하기도 전에 남쪽 쌀부터 먹는다

未落南, 先吃落南米

타이완에서는 기후 때문에 남쪽부터 쌀을 수확한다. 남쪽에 도착하지도 않았는데 남쪽 쌀부터 먹는 건 '미리 꾸어 먹는' 격이다. 기업은 한 단계씩 차근차근 성장해야 한다. 자원이 있는 만큼 투자해야지 무리하게 사업을 벌여 주머니에 들어오지도 않은 이윤을 써버리거나 자신의 능력을 벗어난 투자를 해서는 안 된다.

주행
충분히 즐겨야 기록을 세울 수 있다

6

미뤄둔 꿈은 '진짜'가 될 수 없다

●

일흔셋에 생애 최초로 타이완 국토종주 927킬로미터를 15일간 완주한 후, 나는 거의 매일 자전거를 타고 있다. 자전거를 탈수록 건강해지니 그만둘 수가 없다.

'세월은 기다려주지 않아. 탈 수 있을 때까지는 계속해서 열심히 타자.'

스스로 이렇게 되뇌곤 한다. 마음 같아서는 '자전거 타지 못하는 날'을 계속 미룰 수 있다면 좋겠다.

많은 사람들이 그렇다고 하는데, 나도 자전거에 오르면 젊은 시절의 추억들이 불쑥불쑥 떠오른다.

나는 또래들보다 훨씬 일찍 자전거를 접했다. 해방 전 일본이 통치하던 때라 당시는 사회 전반적으로 물자가 굉장히 부족했다. 자전거 갖기가 요즘 벤츠 갖기보다 어렵던 시기였다. 우리가 살던 사루 지역 전체를 다 통틀어 봐야 자전거가 스무 대도 넘지 않았다. 우리 집은 형편이 괜찮았던 편이라 철들 때부터 집에 자전거가 있었다. 일본에서 수입한 후지하오우(富士霸王車) 자전거였다.

아버지는 자전거를 매우 아끼셨다. 나를 유독 예뻐하시던 아버지는 초등학교 1, 2학년 때부터 자전거 타는 법을 가르쳐주셨다. 그때는 키가 작아 한 발을 빼고 비스듬히 앉아 자전거를 타다가 수시로 넘어지곤 했다. 중학교에 진학할 때쯤에는 내 자전거를 가질 수 있었다. 당시 자전거 한 대의 가격이 보통 사람들 두 달치 수입이었으니 자전거를 탄다는 것은 부의 상징이라 할 수 있었다.

내가 다시 자전거를 타기 시작한 것은 자이언트를 창립하고 몇 년 되지 않았을 때다. 사루에 있는 집에서 다자(大甲) 지역의 본사까지 20킬로미터 남짓 되는 길을 자전거로 출퇴근했다. 가끔은 전동자전거도 타보았다.

내가 자전거로 출퇴근을 하게 된 이유는 단순하다. 자전거를 개발하는 사람으로서 직접 많이 타보아야 상품의 장

단점을 알 수 있기 때문이다.

당시만 해도 재래식으로 철강을 제련하던 때였다. 품질 테스트라는 것은 생각도 못했고, 정밀한 수치와 조립 단계들을 '감'만으로 재단했으니 지금 생각하면 말도 안 되는 일이다.

사업이 계속 성장하면서 해외시장으로 브랜드를 확장하기 위해 출장을 다니는 바쁜 나날이 계속됐다. 디자인과 설계를 전담하는 부서와 담당자들이 생기면서 자전거를 탈 기회는 점점 더 줄어들었다. 그러나 마음 한구석에는 자전거를 탈 때의 상쾌함이 잊히지 않았다. '언젠가는 일을 내려놓고 자전거로 타이완을 돌면서 발길 닿는 대로 여기저기 다니리라. 마음에 드는 식당이 보이면 자전거를 잠시 세워두고 들르기도 해야지.' 하는 생각이 늘 떠나지 않았다.

그러나 '머리'와 '발'의 거리가 너무 멀어서일까, 나는 몇 년 동안이나 계획을 실현하지 못했다.

그러던 2006년 12월, 다자에 위치한 푸두(富都)극장에서 자이언트가 협찬한 영화 〈연습곡〉 시사회에 참석하게 되었다. 그 영화 속의 대사 한마디가 강렬하게 다가왔다.

"지금 하지 않으면 평생 못해."

마치 객석에 있는 나에게 주인공이 직접 던지는 말 같았다. 나는 이미 일흔을 훌쩍 넘었다. 자전거로 타이완을 일주하겠다는 꿈은 지금이 아니면 앞으로도 평생 이룰 수 없을 것만 같았다. 큰일이든 작은 일이든 하기로 마음먹었다면 가장 만족스러운 성과를 거두고 싶었다.

영화를 보고 두 달 뒤부터 집중적인 훈련을 시작했다. 출퇴근길을 이용해 자전거를 타는 건 그전까지와 같았지만, 달라진 점이 있다면 타이중으로 이사를 간 것이다. 타이중에서 본사가 있는 다자까지는 편도 거리만 42킬로미터에, 완만하지 않은 다두산까지 끼고 있었다. 그 길을 매주 적어도 두 번 이상은 오가며 연습을 했다. 왕복 84킬로미터를 달리는 동안 화장실 때문에 휴게소에 들를 때를 빼고는 쉬지 않고 페달을 밟았다.

그 코스를 성공적으로 완주한 후 생각지도 못한 일이 벌어졌다. 자전거에 완전히 중독된 것이다. 2~3일만 자전거를 타지 않으면 온몸이 녹이 쓴 것처럼 개운치 않았다. 외국 출장을 다녀온 직후에도 자전거부터 30~40킬로미터 타고 와야지 몸이 풀리는 것 같았다. 이런 쾌감과 재미 때문에 2년 후에는 한층 더 큰 도전에 뛰어들었다. 20일 동안 베이징에서 상하이까지 총 1,660킬로미터를 자전거로 완주하는 '경상(京騎) 라이딩'에 참가한 것이다. 이번 라이딩에는 자전거 유행을 중국 대륙으로 전파하고자 하는 의도도 포함돼 있었다.

'오늘'이라는 특권

●

그것을 시작으로 2010년부터 차례로 네덜란드, 중국 충밍다오(崇明島), 일본 히로시마, 에히메 등으로 원정 라이딩을 계속했다. 각 지역의 아름다운 경치를 둘러보고 현지 정부와 새로운 자전거 문화를 교류하기도 했다.

언젠가 인터뷰에서 이런 질문을 받은 적이 있다.

"라이딩에 중독될 만큼 푹 빠지셨는데요, 혹시 너무 늦게 시작한 것이 후회되지는 않나요?"

나는 전혀 그렇지 않다고, 언제 시작해도 늦지 않다고 대답했다. '자전거 타기엔 나이가 너무 많다'는 말에 나는 절대 동의할 수 없다.

실제로 내가 자전거를 훨씬 일찍 시작했다면 지금처럼 즐기지 못했을런지도 모른다. 전에는 자전거의 경량화 기술이 발달하지 않았고 눈에 보이는 성능도 지금보다 현저히 떨어졌다. 당연히 속도가 잘 나지 않았을 테고 역풍이라도 만나면 숨이 턱턱 막혀 앞으로 나가지 못했을 것이다. 그랬다면 처음부터 자전거의 매력에 빠져들기는 아무래도 힘들었으리라.

모두의 노력에 힘입어 타이완의 자전거산업은 현재 전체적으로 선진화되었고, 세계적인 수준을 자랑하는 일본의 자전거업계를 점유하는 수준에 도달했다. 최근에는 고급 자전거가 패션 시장과도 결합해, 라이딩이 건강뿐 아니라 즐거움을 제공하는 하나의 취미로 자리를 잡아가고 있다.

운동이 그렇듯 일 역시 즐겁지 않으면 보람을 찾을 수 없고, 오래 버티기도 힘들다. 오늘 내가 하는 일은 '지금의 나'만이 누릴 수 있는 특권임을 잊지 않는 사람은, 분명 더 나은 내일을 만들 수 있을 것이다.

'귀인'은 결코 갑자기 나타나지 않는다

사업이 잘되지 않으면 환경을 탓하거나 운명을 바꿔보려 점을 보는 사람도 있다. 귀인을 만나 당장 사업이 잘 풀리기를 기대하는 것이다.

그러나 가장 근본적인 문제는 자기 자신에게 있다. 평소에 배우고자 하는 마음이 없고 사람들의 조언을 들을 자세도 되어 있지 않다면 설령 귀인이 나타난다 한들 무슨 소용이 있겠는가. 공부할 마음이 전혀 없는, 준비되지 않은 학생에게 좋은 선생님을 붙이는 것과 다를 바 없다. 실제로 선택의 갈림길에서 방황할 때 진짜 '귀인'이 때마침 나타나 완벽한 조언을 해주어도 받아들이지 않을 것이다.

기회를 두려워하지 않고 배우기를 즐거워하는 사람은 다른 이들의 귀중한 조언을 참고해 스스로 끊임없이 도전에 나선다. 그 과정에서 성공을 경험하고 자신감이 쌓여 새로운 즐거움을 발견하는 선순환을 이어간다.

나는 운세를 절대 보지 않고 풍수지리설 같은 것도 믿지 않는다. 사무실 자리를 어떻게 배치해야 좋을지는 풍수지리 전문가에게 물을 필요가 없다. 그저 내가 앉아서 편한 자리가 '명당'이다. 신앙이 아닌 미신은 결코 찬성할 수 없다.

흔히 말하는 운이라는 건 중요하지 않다고 나는 믿는다. 사업이 성공하느냐 실패하느냐의 관건은 본인이 처한 환경을 객관적으로 평가할 수 있는 능력에 달렸다.

'가난한 사람은 점을 보고 부자는 향을 피운다'는 타이완 속담이 있다. 일이 뜻대로 풀리지 않을 때 자신을 돌아보고 반성하기보다 주변을 탓하는 이들, 요행에 기대어 운명을 바꿀 수 있다고 순진하게 착각하는 사람을 가리키는 말이다. 이런 사람은 자신의 잘못을 인정하지 않을뿐더러 배우려고도 하지 않는다. 진심으로 반성하지 않으니 자신의 단점과 문제점을 보지 못한다. 물론 진정한 사업 기회가 찾아와도 분간할 수 없다.

젊은 시절 '의욕'만 넘치고 '의지'가 부족했던 내가 훗날 자전거 사업에 집중할 수 있었던 것은 나의 단점과 마주하여 깊이 반성했기 때문이다. 처음부터 자이언트를 세계 최대의 자전거회사로 만들겠다는 생각은 감히 하지 못했다. 한걸음씩 올라 산 정상에 도착하면서 느낀 점이 있다면, 성공은 끊임없는 학습을 통해 이뤄진다는 것이다.

아주대학교에서 대학도 졸업하지 않은 나에게 경영학 명예박사학위를 수여해주겠다는 말을 듣고서 황송하면서도 부끄러웠다. 더구나 연설 자리에만 서면 주눅이 드는 나로서는 학위수여식 때 단에 올라 졸업생들에게 축사를 할 생각에 사뭇 긴장이 되었다.

그런 엄숙하고 공식적인 자리라면 내가 이룬 업적을 말하는 것이 어울릴 법하지만, 나는 젊은 시절 나의 부족했던 모습을 이야기하기로 했다. 공개석상에서 그렇게 자신의 모자란 점을 솔직히 꺼낸 건, 젊은 친구들에게 이런 메시지를 주고 싶었기 때문이다.

운이 좋고 나쁜 것은 중요하지 않다. 나의 인생 경험으로 보았을 때 '운명은 자신의 손에 있다'는 말은 백 번 천 번 옳다. 운명은 노력하는 사람들에게 보인다. 내가 어떤 방향으로 나아갈지, 앞으로의 인생에서 무엇을 이룰 것인지는 나 자신이 예측하고 결정하는 것이다.

배를 몰 줄 모르는 사람은 좁은 계곡을 싫어한다

不會駛船嫌溪狹

실력이 없는 사공은 실수를 환경 탓으로만 돌린다. 회사를 경영할 때도 안 되는 이유를 찾기만 해서는 발전할 수가 없다. 시장의 원리를 존중하면서 경영의 방향을 조정해나가야 한다.

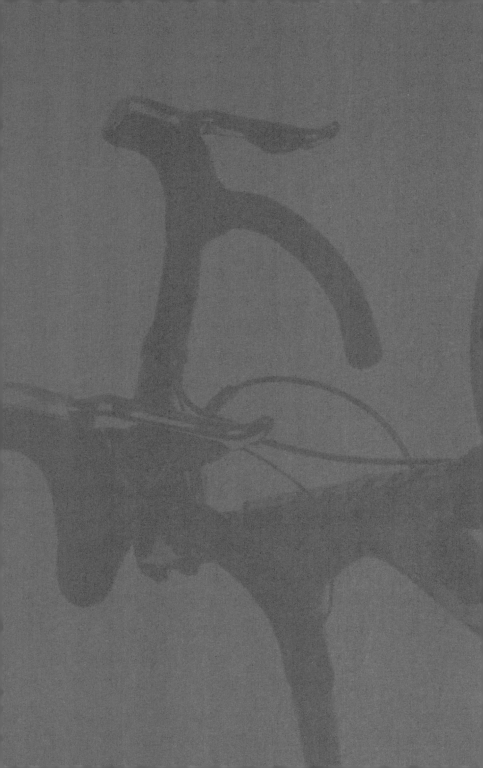

course

어떻게 최고 속도에 도달할 것인가?

사람들이 뭐라고 말하든 당신의 길을 가라.
Go your own way let others talk.
_단테(Dante Alighieri)

성공의 기쁨은 10분이면 족하다

'순판로 19호(順帆路十九號)'.

다자에 있는 자이언트그룹의 본사 주소다. 이곳에서 창밖을 내려다보면 끝없이 펼쳐지는 벼 물결에 눈과 마음이 절로 즐거워진다. 여기에 이르기까지 리우 회장은 아슬아슬한 고비를 숱하게 겪어야 했다.

35세 때 선배와 함께 투자한 장어 양식 사업은 태풍 피해로 하루아침에 2,000만 위안(약 33억 9,000만 원)이 날아가면서 파산 직전까지 갔다. 자이언트 창립 후 새벽 3시 반에 일어나 일에 매달리기를 꼬박 3년, 적자에서 흑자로 돌아서나 싶더니 생산량의 4분의 3을 차지하던 OEM 거래처들이 하룻밤 사이에 마음을 바꿔 거래를 끊었다.

예순셋에는 위암에 걸려 수술로 위 절반을 잘라냈다. 한동안 타이완 자전거업계에 해외 진출 붐이 일어 공급체인이 해체되는 위기도 겪었다. 엎친 데 덮친 격으로 일흔셋에는 수면무호흡증과 혈전정맥염, 디스크 등 몸 곳곳에 지병이 발병했고 노인성 치매가 우려되어 병원에서 인지능력검사를 받기까지 했다.

숱한 역풍을 겪으면서 리우 회장은 '지는 것이 정상이고,

이기는 것은 비정상'이라는 경영 철학을 체득했다.

"성공의 기쁨은 10분이면 족하다."

리우 회장이 직원들에게 자주 하는 말이다. 그는 회사 전체에서 위기의식이 가장 강한 사람이기도 하다.

창립한 지 10년째 되던 해, 자이언트는 해외 판매실적 우수업체로 경제부의 표창까지 받으며 승세를 이어가고 있었다. OEM 주문량도 상당했다. 그런데도 리우 회장은 회사의 운명이 외부의 힘에 좌우되는 상황을 우려해 '수세'를 '공세'로 전환했다.

자체 개발한 브랜드로 타이완 내수시장을 공략하는 한편, 네덜란드에 판매망을 구축해 글로벌 사업의 기지로 삼겠다는 계획을 세웠다.

자이언트는 창업 초기 4년을 제외하고 현재까지 38년 연속 이윤을 창출하고 있다. 이러한 저력의 근원에는 '위기는 어디에나 있다'는 리우 회장의 철학이 자리한다. 강의 표면이 잔잔해 보일지 몰라도 물 밑에는 떠오르지 않았을 뿐, 문제가 숨어 있을지 모른다고 그는 믿는다.

자이언트는 2013년부터 제6차 내부 개혁을 추진 중이다. 패색이 짙어지고 나서야 울며 겨자 먹기로 개혁을 진행하는 것이 아니라, 추세에 맞춰 미리 개혁을 단행하고 창업 당시의 활력을 되찾자는 취지다.

'지는 것이 정상'임을 알기에 리우 회장은 '실업가 정신'을 주장한다. 예민한 경영과 꾸준한 혁신으로 사업에 몰입해야 이윤이 안정적으로 증가할 수 있다.

자전거는 소위 '만년 공업'이다. 사람이 있는 한 시장의 수요가 영원히 존재하는, 망할 일 없는 사업이다. 그렇기에 소비자의 마음을 움직이는 제품, 감동적인 서비스를 제공할 수만 있다면 살아남을 기회는 얼마든 있다.

성실함을 중시하는 실업가 정신은 자이언트의 경영 방침에도 투영되어 있다. 창립 이후 40여 년간 자이언트는 다른 분야에 일체 투자하지 않고 본업인 자전거에만 충실했다. 경기나 운에 기대는 금융 투기는 단호히 거부해왔다.

이렇게 한 업종에 매여 있으면 달걀을 한 바구니에 담는 것과 같아서 리스크를 분산하기 어렵지 않느냐고 우려하는 시선도 있다. 리우 회장은 바로 그렇기 때문에 늘 깨어 있고 촉각을 곤두세워야 한다고 말한다. 수익이 좀 났다고 방심하지 말고 언제나 변화와 혁신에 뛰어들 준비를 갖추어야 한다. 업계 1위를 달린다 하더라도 뒤에서 쫓아오는 상대들보다 속도를 내지 못한다면 더 이상 1위라 할 수가 없다. 1위가 할 일은 격차를 더욱 벌이는 것이다.

더불어 리우 회장은 개인이든 기업이든 '온리 원(Only One)'을 추구하는 것이 '넘버 원(Number One)'이 되는 것보다 중요하다고 조언한다. '넘버 원'을 표방하다 보면 자만하게 되고, 위기를 감지하는 능력이 둔해져서 잠복해 있는 문제를 보지 못하게 될 우려가 크다.

업힐
가속만 해서는 오르막을 견딜 수 없다.
나만의 페이스를 찾아라

7

'온리 원'이 없으면 '넘버 원'도 없다

●

일본 언론사의 기자에게서 언젠가 인상 깊은 질문을 하나 받았다. 일본의 자전거업체들을 보면 2~3대 회장을 거쳐 업계 최고 수준으로 성장하는 것이 보통인데, 자이언트는 어떻게 창립 40년도 채 되지 않아 세계 최대 수준의 자전거 회사로 발돋움했는지 그 비결을 묻는 내용이었다.

이 질문을 받기 전에는 진지하게 생각해보지 않은 이야기였다. 나는 지난 40여 년간 자이언트가 걸어온 발자취를 이렇게 정리해서 설명했다. 먼저 '하나뿐인(Only One)' 장점을 많이 만들었고, 이를 통해 결과적으로 '최고(Number

One)'가 되었노라고.

　내가 말하는 '온리 원'은 시장 점유율이나 수익을 뜻하는
게 아니다. 세계적으로 독특한 제품과 서비스, 미래의 시장
수요를 충족시킬 수 있는 혁신을 이야기하는 것이다.

열 가지 '온리 원'

●

경영 전략이 간단한 몇 마디 말에 불과할지라도 이를 실천
하기 위해서는 상당한 수고와 비용을 치러야 한다. 자이언
트가 창업 이후 지금까지 이뤄낸 '온리 원'의 사례를 설명하
자면 아래와 같다.

1. 부품 규격 통일

　자이언트 창업 초기, 타이완의 부품 생산업체들 사이에
는 통용되는 '규격'이라는 게 없었다. 그러다 보니 이 업체
가 생산한 휠과 저 업체에서 구입한 타이어가 서로 어긋나
고, 볼트와 너트가 짝이 맞지 않는 경우까지 있었다. 당시
나는 업계에서 아무것도 아닌 존재였지만 동료들과 함께
협력업체들을 일일이 찾아다니며 일본공업규격을 기반으
로 생산해줄 것을 권면했다. 수도승들이 각지의 절을 찾아

다니며 수행을 쌓는 듯한 광경이었다. 4년간의 노력 끝에 업계의 합의점을 찾았고, 마침내 각 업체의 생산 단위를 세계 공통 규격과 접목시켰다.

2. OEM 방식을 벗어난 자체 브랜드

창업 초기에는 유럽과 미국 지역의 OEM 수주에 의존했다. 돈벌이는 제법 됐지만 남의 손에 회사의 사활이 달린 셈이었다. 직원들이 브랜드에 유대를 느끼지도 못했고, 시장에서 제품 발언권도 상당히 제한되었다. 회사가 오래도록 생존하려면 이대로는 안 되겠다 싶어 1981년 자체 브랜드 '자이언트'를 개발했다. 우리는 타이완 내수시장부터 공략하기로 했다. 그 결과, 5년 후에는 타이완을 넘어 네덜란드로 진출해, 타이완의 자전거 브랜드로서는 최초로 글로벌 지사와 마케팅 채널을 둔 업체로 자리매김했다.

3. 탄소섬유 프레임 개발

현재 세계 자전거업계에서는 고급 차량에 쓰이는 탄소섬유 소재를 두루 사용한다. 이 탄소섬유는 자이언트가 공업기술연구원과 합작으로 개발한 선도 기술이다. 우리는 연구 끝에 머리카락 같은 섬유 원료로 가벼운 자전거 프레임을 만들어내는 데 성공했다. 프레임부터 시작한 이유는 이

부분이 자전거 전체에서 무게를 차지하는 주된 요소이기 때문이다. 프레임의 무게를 줄이면 훨씬 속도감 있게 자전거를 즐길 수 있다는 판단이 적중한 경우였다.

4. 엄격한 평가를 통한 중국 시장 진출

자이언트는 1992년 중국에 투자하기로 결정했다. 이미 중국 시장에 진출한 제조업체들이 있어 최초는 아니었지만, 자이언트는 그중에서도 리스크 관리를 가장 엄격하게 하는 업체였다. 특히 정책적인 리스크의 경우, 당시 중국의 최고 지도자가 추진하는 '개혁개방'의 행보를 전반적으로 평가해 대비해야 했다.

여러 자전거업체들은 해외 판매만을 고려해 선전(深圳) 지역으로 몰려가 공장을 지었지만, 자이언트는 내수시장의 잠재력을 높이 평가하여 창장(長江)삼각주에 진출하기로 했다. 그렇게 우리는 자전거업체로서는 최초로 쿤산(昆山) 기술개발지구에 입주했다. 마침 일본의 대형 변속기 생산업체 시마노도 이곳에 공장을 지어 우리와 같은 날 착공했다.

5. 타이완 '자전거 섬(Cycling Island)' 건설

1980년 타이완 에이서그룹의 스전룽 회장은 타이완을 '과학기술 섬(Technology Island)'으로 만들자고 주장했다.

여기에 호응해 자이언트는 '자전거 섬' 사업을 제안했다. 이 사업을 통해 타이완 사람들 사이에 자전거 유행이 확산되었고, 해외시장에서도 경쟁력이 한층 강화되었다. 다음 목표는 타이완의 자전거 주행 환경을 개선해, 세계의 자전거 동호인들이 찾는 '자전거 낙원'을 만드는 것이다.

6. 에이팀을 통한 타이완 시장 정착

모든 전통 산업과 마찬가지로 자전거산업 역시 부품업체들이 대거 중국 대륙으로 이전해 한동안 산업공동화 현상이 심각했다. 업계의 선두업체로서 우리는 책임의식을 느꼈다. 그래서 2002년 말, 타이완 시장의 활력을 되찾기 위한 일환으로 라이벌 업체 메리다 및 열한 개 부품 조립업체와 연합한 산업연맹 에이팀을 공동으로 발족했다. 에이팀은 도요타생산방식을 도입해 함께 연구하고 산업 구조조정을 이끌었다. 그 결과 타이완 자전거의 수출 단가가 네 배 가까이 뛰어올랐고 세계 고급 자전거의 트렌드를 이끄는 최상위 시장, 산업 정보가 한데 모이는 '송신 기지'로 발전했다.

7. 새로운 자전거 문화 보급

이전까지 자전거의 이미지는 보행을 대신하는 무겁고 거

추장스러운 교통수단에 지나지 않았다. 우리는 새로운 자전거 문화를 보급하기 위해 자이언트여행사와 기금을 조성했고, 한편으로 정부와 협력하여 '자전거의 날'과 '바이크 페스티벌'을 추진해 자전거와 스포츠, 라이프스타일을 접목했다.

8. 세계 최초의 여성 자전거 브랜드 개발

우리는 자전거를 즐기는 여성이 많아진다면 시장 전반의 수요가 크게 확장될 거라고 판단해 세계 최초로 여성 자전거 브랜드를 개발했다. 그렇게 탄생한 '리브(Liv)'는 현재까지도 유일한 여성 전용 자전거 브랜드로서 시장을 주도하고 있다. 리브를 통해 우리는 여성 자전거 애호가들을 겨냥한 전용 모델을 만들고, 세련된 자전거 커버 액세서리를 개발했다. 나아가 타이완 전역과 일본, 상하이 등의 지역에 리브 플래그샵(Flag Shop, 대표 매장)을 운영 중이다.

9. 스마트화된 생산 · 판매 시스템 구축

자이언트가 자체적으로 개발한 sBTS(smart Build To Stock e system)는 공장의 생산력과 세계 각지 매장의 POS(Point Of Sales, 판매시점 정보관리 시스템, 물품을 판매한 시점에 판매 정보가 중앙 컴퓨터로 전달되는 시스템—옮긴이)를 연계

하는 시스템이다. 즉, 생산과 소비를 조율하는 중추신경망인 셈이다. 이를 통해 재고 유지비용을 낮추고 상황에 따른 유연한 대처를 할 수 있다. 또한 재고 운영 처리 속도를 높여 공간을 확보함으로써, 매장의 재고가 시즌 신제품 출시에 지장을 주는 일을 방지할 수 있다. 공장을 시장의 중심에 세워 경영 효율을 극대화했다고 볼 수 있다.

10. 공용자전거 사업 '유바이크' 운영

공용자전거를 운영하는 도시는 전 세계 700여 곳에 달하지만, 이윤을 내기가 어려워 어느 자전거업체도 선뜻 투자를 결정하지 못하는 상황이다. 그러나 자이언트는 자전거업계에서 유일하게 이 사업을 직접 운영하고 있다. 소비자에게 기대 이상의 좋은 자전거와 친절한 서비스를 제공하는 것이 바로 '온리 원' 경영 철학의 실천이라 생각하기 때문이다.

왜 '제2의 도요타'는 탄생할 수 없는가?

●

자이언트는 대부분 자체적인 연구와 시행착오를 거쳐 시스템을 개발했다. 다만 도요타생산방식을 도입한 사례는 타 업체의 성공 경험을 빌린 특이한 경우였다.

자이언트는 지금까지 27년간 도요타생산방식을 배웠고, 귀뤼에자동차의 하라다 다케히코(原田武彦) 전 사장 등 도요타자동차의 여러 고위 임원을 찾아 자문을 구했지만, 그들의 성공 경험을 완전히 우리 것으로 만들지는 못했다.

세계적으로 도요타생산방식을 배우는 제조업체가 부지기수이지만 어떤 기업이 제2의 도요타로 도약했다는 이야기를 들어본 적 있는가? 세계 자동차업계의 선두 자리를 굳건히 지키고 있는 도요타를 뛰어넘는다는 건 더욱이 생각하기 힘든 일이다. 도요타생산방식은 도요타만의 독특한 DNA를 바탕으로 만들어져 이 회사에 적용된 경영 시스템이므로, 이를 실현하고 운영할 수 있는 독특한 조건이 필요하다.

기업마다 DNA와 시스템, 경영 가치관이 다르다. 그렇기에 각 조직에 정확히 들어맞는 방식을 찾아야만 실제로 효력을 발휘하게 된다. 자이언트의 경우도 마찬가지다. 자이언트 그룹은 자체 소유한 공장을 기반으로 판로를 장악한 상태에서, sBTS라는 스마트 시스템을 통해 매장의 수요를 정확히 파악한다. 이를 통해 재고자산 평가손실을 최소화하고, 소수 중개업체가 소위 '벌처(vulture)' 판매 수법으로 브랜드 가치를 망가뜨리는 것을 근절한다. 벌처 판매란, 중개업체들이 시즌이 얼마 남지 않은 재고 상품을 공장에서 구입하여 대폭 낮춘 가격으로 소비자에게 판매하는 방식이다. 자이언트의 이런 모든 시도는 다른 외국 자전거업체는 실현하기 불가능하다.

결국 개인이나 기업이나 자신이 무엇을 할 수 있는지, 또 가장 잘하는지를 정확히 아는 것이 중요하다. 그럴 때 1등을 좇는 아류에서 벗어나, 자신만의 노선이 분명한 '유일한 1등'으로 자리매김할 수 있다.

가난하면 소가 커야 한다

人赤牛大隻

가난한 농가는 더 열심히 소를 부리고 농사를
지어야 먹고 사는 문제를 해결할 수 있다. 소도
쟁기질을 할수록 길들여져서 일의 효율이 더 높
아지게 마련이다. 상황이 좋지 않다고 원망하기
보다는 더 필사적으로 노력을 해야 한다는 이야
기다. 영웅은 미천한 출신을 탓하지 않는다.

코너링
무사히 모퉁이를 돌려면
진행 방향을 숙지해야 한다

미래를 주도하는 '물속 오리' 전략

환경이 끊임없이 변하기에 기업의 경영자는 미래를 주도하고자 하는 패기가 있어야 한다. 기회를 잡는다는 것은 적절한 때에 적절한 일을 한다는 뜻이다. 그리고 기회는 사람마다 다른 형태로 찾아온다.

'전투가 시작되기 전에 싸우라(打仗打在開火前)'는 말도 있듯이, 기회가 찾아왔을 때 허둥거리며 서두르지 않도록 늘 충분한 준비를 갖추고 있어야 한다. 전쟁 중에 병사를 훈련시켜서는 늦는다.

'미래가 현재를 결정한다'고 내가 말하면 '앞으로 환경이 어떻게 변할지 어떻게 아느냐'고 묻는 사람들이 많다. '봄이와 강물이 따뜻해지면 오리가 먼저 안다(春江水暖鴨先知)'는 말이 있다. 물가에서 딴청을 하는 오리보다 물에 들어가 있는 오리가 계절의 변화를 먼저 아는 법이다. 산업의 동향을 파악하는 것도 마찬가지다.

탄소섬유를 자전거 프레임에 도입한 것도 그런 경우였다. 탄소섬유는 가볍고 튼튼하며 충격 흡수력이 뛰어나다는 장점 때문에 현재 업계에서는 고급 자전거 프레임의 가장 이상적인 소재로 통용되고 있다. 이 소재가 지금처럼 확산된 것은 1985년, 자이언트가 공업기술연구원의 소재연구소와 공동 연구에 뛰어든 것이 직접적인 계기였다. 자이언트와 소재연구소는 공동으로 탄소섬유 기술을 개발해 세계 최초로 탄소섬유 자전거 프레임을 대량 생산하는 데 성공했다.

당시 이러한 복합 소재는 우주항공 산업에만 제한적으로 활용되었기에 이 소재를 자전거업계에 도입한다는 건 불가능하다고 모두들 입을 모았다. 자전거업계 종사자들 중에 탄소섬유 이야기를 들어본 사람조차 거의 없었고, 반대로 우주항공업계는 자전거 사업에 전혀 관심이 없었다. 탄소섬유를 어떻게 자전거에 활용할지도 당연히 몰랐다. 업계에서는 오직 자이언트만이 긍정적인 전망을 내놓았다.

유일하게 유럽에서 수공 탄소섬유 프레임을 사용하긴 했지만 가격이 혀를 내두를 정도로 비쌌고 상품화도 되지 않았다. 일본 최대의 탄소섬유 생산업체 도레이(Toray)조차 탄소섬유 자전거 프레임 개발에 나섰다가 실패로 끝을 맺었다. 자전거 제조 기술이 없었기 때문이다.

그런 상황에서 자이언트는 어떻게 탄소섬유를 개발 가치가 있는 신소재로 확신했을까? 자이언트는 연못의 가장 깊은 곳에서 헤엄치는 오리처럼 끊임없이 물속과 주변을 살폈다. 어떻게 소비자의 니즈를 충족시키고 확장할지, 어떻게 하면 자전거 애호가들에게 더 큰 즐거움을 줄 수 있을지를 늘 생각했다.

우리는 자전거 동호인들이 라이딩에서 느끼는 가장 큰 즐거움이 '속도'라는 것을 잘 알고 있었다. 자동차는 마력을 올려서 주행 속도를 높이지만, 자전거의 주행 속도를 높이는 유일한 방법은 무게를 줄이는 것이다. 자전거 프레임의 재질은 티타늄에서 알루미늄합금으로 변천해왔는데, 산업 구조를 선진화하려면 여기서 한 단계 더 업그레이드해야 할 필요가 있었다. 우리는 그 대안으로 탄소섬유라는 신소재를 찾은 것이다.

자전거 17억 원어치를 땅에 묻은 사연

●

자이언트의 이러한 인식은 브랜드 공약에도 잘 드러나 있다.

'고객들의 특별한 자전거 여정에 가장 좋은 안내자이자 동반자가 됨으로써 자전거를 타는 모든 이들이 모험을 꿈꾸도록 한다.'

목표가 정해지자 자이언트는 탄소섬유 자전거 프레임 개발에 전력하기 시작했다. 물론 초기에는 우여곡절도 많았다. 첫 번째 생산한 탄소섬유 자전거를 미국에 1,000대 남짓 수출했는데, 출고 후 제품에 문제가 발견되어 즉시 전량 리콜을 요청한 적도 있었다. 자전거 한 대 가격이 몇 천 달러였으니 당시로서는 상당히 고가의 제품이었다.

나는 공장으로 회수된 자전거를 결함을 고쳐 되팔지 않았다. 대신 직원들을 불러 모은 다음 굴착기로 큰 구덩이를 파고 거기에 새로운 모델의 자전거를 모두 던져 넣었다. 1,000만 위안(약 17억 원) 이상 나가는 자전거들이 불에 타고 땅에 묻혔다. 이렇게 극단적인 조치를 한 것은 제품의 품질이 기업의 생명과도 같음을 눈으로 보여주고 싶어서였다. 아주 작은 문제 하나라도 절대로 용납해서는 안 된다는 교훈을 말하기 위해 값비싼 수업료를 치른 셈이다.

완벽한 회사일수록 개혁이 필요하다

●

미래가 현재를 결정하도록 판단력을 갖추려면 반드시 충분한 '데이터베이스'를 확보해야 한다. '과거'의 경험들을 이해하고 '현재'를 철저히 운영해야 '미래'가 어떤 방향으로 흘러갈지 알 수 있다.

자이언트그룹이 다른 여러 업종에 투자하는 문어발식 경영을 하지 않고 지금껏 자전거라는 본업에만 집중한 것도 바로 이 때문이다. 집중해야 할 대상이 분산되면 업계의 진정한 '물속 오리'가 될 수 없다. 개인도 마찬가지다. 어떤 일이든 전문성을 갖추어야 최고가 될 수 있다. 한 분야에 온전히 집중하면 앞으로의 변화에 자연스럽게 민감해진다. 위기가 닥치고 손실이 발생한 다음 이를 메우기 위해 울며 겨자 먹기로 개혁을 시도하는 것이 아니라, 개혁의 최적기가 언제인지 미리 인지하고 대비할 수 있어야 한다.

자이언트가 처음 서른여덟 명의 직원으로 출발하여, 현재 전 세계에 수 만 명의 직원을 둔 회사로 성장하기까지 나의 가장 중요한 책임은 신생 기업과 같은 활력을 늘 유지하는 것이었다.

2013년 6월, 자이언트는 자체적으로 혁신개혁위원회(약칭 '개혁위')를 조직하고 창립 후 제6차 혁신개혁을 시작했다. 자이언트가 3년 안에 고객에게 사랑받고 사회에 공헌하는 '100년 기업'으로 거듭나도록 만드는 것이 목표였다.

개혁위의 프로젝트는 일반적인 경영관리에 비해 규모가 훨씬 방대했다. '혁신과 도전'을 회사의 공식적인 핵심 이념으로 채택하고 하나씩 '개혁'을 진행함으로써 경영전략과 혁신을 긴밀히 결합했다. 그렇게 개혁을 거칠 때마다 회사는 또 다른 성장 단계로 도약했다.

회사가 개혁 없이 살아남을 수 없는 이유는, '경영'이란 것이 본래 변화하는 환경에서 사람과 돈을 가장 효율적으로 운용하는 일이기 때문이다. 특히 역사가 오래되고 완벽한 제도와 표준운영절차(SOP, Standing Operating Procedure)를 갖춘 회사, 가치관이 단단히 형성되어 있는 회사일수록 반드시 조정이 필요하다. 그래야 시의성이 떨어지는 낡은 방법을 버리고, 시대와 환경의 변화에 새롭게 적응할 수 있다.

여기서 가장 중요한 역할을 하는 것이 바로 기업의 리더이다. 그는 사내의 다양한 의견을 종합하여 가장 폭넓게 생각할 수 있는 사람이다. 회사가 장기적으로 발전할 것인지, 아니면 지속적인 경영에 실패하여 낙오할 것인지를 책임져야 한다.

지난 다섯 차례 혁신개혁 과정에서 자이언트는 공급망

관리나 위탁판매 시스템 개선 등, 한 가지 주제에 각각 중점을 두었다. 이번 여섯 번째 개혁의 주제는 '고객들이 한 번도 경험한 적 없는 제품과 서비스를 제공하기'였다. 소비자들이 거부할 수 없을 만큼 매력적인 제품, 빈틈없는 공급망을 어떻게 실현할 수 있을까를 놓고 전면적이고 심도 있는 논의가 펼쳐졌다.

지금껏 머리가 아프면 두통약을 처방하고, 발이 아프면 발에 연고를 바르는 식으로 부분적인 개혁을 진행했다면 이제는 그 결과 발생한 수많은 합병증을 아우르는 체계적이면서도 근본적인 치료를 하자는 취지였다.

위기에 '대처'하면 이미 늦은 것이다

●

이번 개혁을 통해 자이언트를 '100년 기업'으로 바로 세우겠다는 야심은 '일흔셋의 자전거 일주'와도 직접적인 관계가 있다.

일주에 도전하기 전, 나는 건강이 점점 안 좋아지던 상황이었다. 수면무호흡증으로 거의 2년 동안 양압호흡기(코에 산소를 공급하고 기도를 넓혀주는 수면무호흡증 치료기-옮긴이) 없이는 잠을 잘 수 없었다. 건강하지 못하면 사고방식

자체가 어두워진다. '이 나이에 뭔가를 배운들 어디에 써먹겠어?' 싶은 마음에 일상이 무기력해졌다. 게다가 한동안 자리를 넘기고 퇴직할 생각을 하다 보니 출근해 회의를 해도 몸만 앉아 있을 뿐, 머릿속으로는 딴생각을 하거나 꾸벅꾸벅 졸기 일쑤였다.

그러다 자전거 일주 성공으로 성취감을 느끼면서 생활 전반에 활력이 생겼다. 또 다른 나를 발견한 기쁨이 기업을 새롭게 경영할 의지와 자신감으로 이어졌다.

현재 자이언트그룹 '개혁위'의 위원은 나를 포함해 모두 아홉 명이다. 집행위원장 외에 재무, 인사, 판매 및 중국과 타이완의 생산판매 최고담당자 등으로 구성돼 있다. 우리는 아침 시간에 '커피 회의'를 하면서 의견을 나누고 공감대를 넓힌다. 개혁위는 회사의 경영 방향을 기획하는 공식 조직으로서 모든 결정 사항은 집행 부처를 통해 추진한다. 동시에 위원회는 개혁의 진행 상황을 관리하고, 성과를 평가한 후 수정하는 과정을 반복한다.

다시 말하지만 개혁은 위기가 닥쳤을 때 대처 방법을 마련하는 것이 아니라, 미리 적극적으로 변화를 일으키는 것이다. 성공한 모든 기업은 이러한 위기의식을 바탕으로 미래의 제품과 사업 방식을 연구해왔다. 쉽게 말해 오늘 판매할 제품을 생산하면서 동시에 내일 판매할 제품을 개발하는 것이다.

시장의 반응이 좋다고 멈춰 서서 성공의 영광을 누리는 순간, 성장의 속도가 급격히 떨어지고 경쟁자들이 바짝 따라온다. 그때서야 부랴부랴 재정비를 하고 대대적인 개혁에 나서면 필요 이상의 에너지와 시간을 소모하게 된다. 가장 소중한 자원인 시간을 낭비하게 되는 것이다.

실제로 '개혁'의 비용은 막대하다. 세계적으로 기업이 개혁에 실패한 사례는 성공한 사례보다 훨씬 많다. 일본의 소니(Sony)나 파산을 선포한 100년 기업 코니카(Konica)는 진정한 개혁에 성공하지 못했고, '춤추는 코끼리' IBM도 심도 있는 개혁을 이루지 못해 최근 성장 동력이 다시 약화되고 있다. 내일을 현재로 가져오지 못하는 경영자와 기업들은 모두 사라질 수밖에 없다.

천은 쟁여두어도 옷은 쟁여두지 않는다

甘願囤布, 嘸通囤衫褲

옷이 팔리지 않으면 가게의 재고품이 되지만,
원료인 천은 다른 용도로 융통성 있게 활용할
수 있다. 생산관리 측면에서도 제품보다는 자재
를 많이 비축해두고, 시장 수요에 즉각 반응하
는 생산 시스템을 구축하는 편이 효율적이다.

다운힐
위기를 맞은 후에야
급제동을 하면 늦는다

9

위기의 골든타임

앞을 내다볼 줄 아는 기업은 불경기에 다른 업체보다 손해
가 적고 회복이 빠르며, 경기가 좋을 때는 남들보다 수익이
높다. 장기적인 수익 구조를 생각하는 '경영자'와, 경기 상
황에 따라 단기적인 기회를 좇기 바쁜 '사업가'는 여기에서
갈린다.

자이언트가 세계 최대의 자전거업체로 성장한 지금도 나
는 언제나 위기의식을 예민하게 유지하기 위해 노력한다.
비단 기업의 경영에만 한정된 이야기가 아니다. 살면서 우
리 모두는 크고 작은 위기를 만난다.

예순이 되던 해에 받은 건강검진에서 나는 위암의 조짐이 발견되었다는 결과를 받았다. 다행히도 조기위암인 0기 악성종양이었다. 나는 운명을 받아들이고 의사의 말에 따라 위 절반을 잘라내는 수술을 감수했다. 가족력이 있어 아버지와 둘째 형도 위암으로 세상을 떠났기에, 쉰 이후로는 건강검진 때마다 특별히 꼼꼼하게 봐달라는 부탁을 해온 터였다.

이런 일이 일어났을 때 두렵지 않다고 한다면 거짓말일 것이다. 그러나 긍정적인 마음이 몸의 회복을 빠르게 해준다고 믿었기 때문에 위암 수술 한 달 만에 미국으로 건너가 자전거 전람회에 참가했다.

수술보다 더 큰 인생의 위기는 젊은 시절 장어 양식 사업을 하던 때 찾아왔다. 태풍이 세차게 불던 날, 마침 만조 때라 바닷물이 역류해 제방 전체가 부서져 내렸다. 나는 양식장 옆으로 거대한 물결이 닥쳐오는 것을 보고 황급히 뒤돌아 자전거를 타고 내달렸다. 빨리 도망쳤기에 망정이지 자칫하면 자전거와 함께 파도에 쓸려 가고 말았을 것이다.

그렇게 양식장이 하루아침에 태풍에 사라져버리고 말았다. 마흔이 넘어 투자한 2,000만 위안(약 33억 9,000만 원)을 허망하게 날리고, 녹초가 된 몸으로 집에 돌아왔다. 소파에 드러누워 있자니 머리가 하얘지면서 마음속에서 시끄러운 외침이 터져 나왔다.

'망했다. 이번에는 하늘까지 태클이군!'

하느님이 나에게 왜 이러는지 이해가 되지 않았다. 무엇보다 빚이 걱정이었다. 얼마다 더 벌어야 이 많은 빚을 다 갚을 수 있을까를 생각하며 6개월 내내 끙끙 앓았다. 그 와중에도 양식장 사업에 미련을 못 버리고 규모를 대폭 줄여서 장어를 길렀다. 그즈음 친구 몇 명이 집에만 틀어박혀 있던 나를 불러냈다. 함께 식사를 하던 중 한 친구가 자전거 사업 이야기를 꺼냈다.

그렇게 자전거 사업을 시작하고도 나는 수해를 경험한 두려움을 잊지 않았다. 중국 쿤산에 자이언트 공장을 지을 때 가장 먼저 고려한 것도 천재지변에 대비하는 일이었다. 외지에서 토목 공사용 흙을 공수해 공장 터를 도로보다 2미터 이상 높이지 않으면 투자하지 않겠다고 쿤산 시 관계자를 몰아붙였다. 실패의 원인이 될 수 있는 요소를 찾아 사전에 예방하겠다는 마음이었다.

비단 나만의 이야기는 아닐 것이다. 위기는 어디에나 있다. 우리가 발견하지 못할 뿐이다. 예를 들어 시장이 포화 상태이고 소비자들은 새로운 요구를 하지 않는 상황이라면 큰 경각심을 느끼지 못할 수 있다. 하지만 이때 '다음에는 뭘 해야 하지?'라는 질문을 하지 않고 잠복한 위기를 방치한다면 회사는 결국 비주류로 전락해 시장에서 서서히 사라지게 될 것이다. 겉보기에는 순탄할지라도 기업의 체질이 약화되어 있거나, 묻어둔 문제들이 아직 터지지 않은 것뿐일지도 모른다.

'신선도 명이 다한 사람은 구하기 어렵다(神仙難救無命子)'라는 타이완 속담이 있다. 문제가 터진 후에 황급히 대책을 찾으려 한다면 위기의 '골든타임'은 이미 지나버린 후가 될 것이다.

오르막과 내리막, 서로 다른 전략이 필요하다

실제로 많은 사람들이, 또 기업들이 위기의 순간을 맞는다. 그 사람이 상처를 딛고 일어설 수 있는가는 실패의 과정을 어떻게 받아들이는가를 보면 알 수 있다. 실패를 통해 교훈을 얻는 사람이 있는가 하면, 왜 남들은 멀쩡한데 자기만 이렇게 운이 없는가를 탓하는 경우도 있다. 노력만큼 중요한 것이 바로 반성이다.

나 역시 장어 양식 사업에 투자한 피 같은 돈을 날렸을 때, 처음에는 내가 손 쓸 수 없는 태풍이 원망스러웠다. 하지만 곧 나의 기본적인 실수를 깨닫고 반성했다. 원래 태풍이 오면 해변이 가장 위험하기 때문에 양식장은 해변을 피하는 것이 기본이다. 나는 투자하기 전에 이런 위험 요소들을 더 철저히 평가했어야 했다.

자전거의 속도를 내려면 무조건 페달을 힘껏 밟아 달려야 한다고 흔히 생각하지만 실제로는 그렇지 않다. 오르막에서는 완력이 아닌 숙련된 변속 테크닉이 필요하고, 내리막에서는 정확한 자세로 주행하면서 브레이크 잡는 힘을 잘 조절해야 한다. 내리막에서는 속도가 더 빨라지고 시야는 좁아지는 데다가, 노면의 충격이 크게 전달되기 때문에 위급한 상황이 일어나기 쉽고 심한 경우 자전거가 전복되기도 한다.

자전거를 탈 때나 기업을 경영할 때나 위기 중에 기회를 만난다. 오르막이 있으면 반드시 내리막이 찾아온다. 오르막은 한 바퀴씩 페달을 밟아 올라야 하고, 내리막에서 순풍을 맞거나 노면 상태가 좋을 때는 과감히 질주해야 한다.

거침없는 질주를 위한 준비

●

내리막을 달릴 때는 두 무릎을 살짝 구부려 고정하고 엉덩이의 중심을 뒤로 두어야 속도가 빨라져도 안정적으로 달릴 수 있다. 또, 손잡이를 단단히 잡되 팔은 적당히 힘을 빼야 한다. 그래야만 울퉁불퉁한 바닥에서 바퀴로 전해지는 충격과 페달링으로 생기는 반동이 흡수된다. 급히 자전거를 멈춰야 할 때는 보통 두 손으로 동시에 브레이크를 잡게 되는데, 앞 브레이크는 뒤 브레이크보다 제동력이 훨씬 강하기 때문에 급제동을 할 경우 뒷바퀴가 들리면서 자전거가 전복될 수 있다. 따라서 두 개의 브레이크 레버를 동시에 쥐되 부드럽게 서도록 해야 한다.

이 원리를 사업에도 적용할 수 있다. 기회가 왔을 때는 피치를 올려야 한다. 기회는 사람마다 다르게 찾아오기 때문이다. 특히 자원이 충분하고 기업의 체질이 건강할 때 최대한 속력을 내고 필요한 구간에서는 끼어들기도 해야 한다. 내가 놓친 기회는 다른 사람에게 돌아가 버린다.

내 경우 투자를 판단할 때 승산이 70퍼센트 정도만 있다고 확신이 서면 과감하게 진행한다. 물론 앞으로의 동향을 충분히 파악했다는 것이 전제다. 모든 게임이 그렇듯, 룰렛이 멈추고 나서 돈을 걸 수는 없다. 내가 놓친 기회를 다른 사람이 모두 차지한다면 너무 아깝지 않겠는가.

정확한 자세와 담력을 유지하고, 앞의 노면 상태를 잘 파악했다면 내리막에서 속력을 낼 때 안정적으로 달릴 수 있다. 마찬가지로 사업을 밀어붙이거나 투자에 박차를 가하기 전에는 위험 요소를 미리 살피는 과정이 반드시 필요하다. 혹시라도 일을 그르치게 만들 요소가 있는지 확인하고 문제를 사전에 극복하거나 개선해야 한다. 그런 뒤에는 거침없는 질주를 즐기기만 하면 되는 것이다.

　1990년 무렵, 중국의 최고 지도자 덩샤오핑이 개혁개방 경제정책을 시행한다는 선포를 했다. 인구가 13억에 달하는 중국은 거대한 기회의 시장으로 부상했다. 특히 비용 면에서 무시 못할 우위를 차지하고 있었다. 여기에 타이완달러까지 강세를 보이며 압박을 더하자 타이완 자전거업계의 상·하위 업체들이 대거 중국으로 진출했다. 이들은 대부분 선전 지역에 공장을 지었다. 그러나 나는 무턱대고 중국 대륙으로 진출하는 것은 위험하다고 판단했다. 충분한 시간을 들여 천천히 구상을 하고 정치적인 리스크도 평가해야 했기 때문이다.
　개혁개방 정책이 쭉 이어질 것인가? 예전으로 돌아갈 위험성은 얼마나 되는가? 나는 4년 이상 신중하게 지켜보았다. 경제개혁의 방향이 6·4 천안문 사건을 거치면서도 변하지 않는 것을 목도하고, 경제학자 및 전문가들에게 여러 차례 자문을 구한 다음에야 중국 공산당의 개방 정책이 과거로 회귀하지 않으리라는 확신이 들었다.

그 시기에 나는 중국과 타이완의 각종 경제포럼에 자주 참석했는데, 중국사회과학원의 한 교수가 조언하기를, 쿤산이 위치한 화둥(華東) 지역을 고려해보라는 것이었다. 당시 쿤산 일대는 전신주도 몇 대 없는 황량한 단지였다. 타이완 업체들 가운데 류허(六和)기계 등 소수 기업의 공장만이 들어와 있었다. 하지만 상하이, 쑤저우(蘇州)까지 차로 30분~1시간 거리라는 장점이 있었고, 신흥 시장으로서 발전 가능성도 아주 크다는 결론을 내렸다. 그렇게 자이언트는 자전거업체로서는 최초로 쿤산 기술개발지구에 입주했다. 당시에는 몰랐지만, 이곳 창장삼각주 화둥 지역은 국제 기업들이 앞다퉈 진입할 만한 1순위 지역의 조건을 이미 갖추고 있었다.

동종 업체들이 모여 있는 화난(華南) 지역 선전이 아닌 화둥 지역 쿤산을 선택할 때 또 한 가지 고려한 부분은, 앞으로 13억 인구의 중국 시장과 타이완 내수시장을 함께 끌고 가야 한다는 점이었다. 자이언트는 중국에 처음 진출했을 때부터 현지의 값싼 노동력과 당장의 대외 판매 수익을 노리기보다, 내수시장과 해외시장을 함께 아우르는 경영 전략을 취했다.

1994년 4월 쿤산 공장이 준공된 후에는 상하이 쉬자후이(徐家匯)에 첫 번째 자이언트 매장을 열었다. 이곳은 중국에서 새로운 유행에 가장 개방적인 도시였다. 이렇게 우리는 현지 소비자들의 취향을 파악하고 더불어 내수시장의 반응을 살피는 자체적인 통로를 마련했다.

중국 진출 후 10년이 채 되지 않은 시점에 자이언트는 개혁개방이라는 경제 성장 기조에 발맞춰, 가볍고 타기 쉽고 경쾌한 자전거를 출시했다. '걸음 바꿔 앞으로(換一個步伐前進)'라는 슬로건을 내건 자이언트는 현지 브랜드를 빠른 속도로 제치고 중국 내 자전거 시장에서 판매 1위를 차지했다. 또한 중국 상업부의 '중국유명상표(中國馳名商標, 중국 정부가 제품 품질 및 인지도 등을 심사해 부여하는 중국 공식 인증마크-옮긴이)'를 획득한 첫 브랜드가 되었다.

자이언트는 당시 중국에 진출해 공장을 지었던 모든 자전거업체들 가운데, 처음부터 내수시장을 구성한 유일한 제조업체였다. 동종 업체들보다 4년 늦게 중국 시장에 투자를 시작했지만 결과는 정반대였다.

중요한 것은 미래를 내다보고 나름의 판단이 섰다면, 담대하게 '온리 원'의 길을 가야 한다는 점이다. 내리막을 철저히 준비한 라이더라면 자갈과 웅덩이가 숨어 있는 제멋대로인 길도, 멋진 기술을 선보일 도구로 삼을 수 있다.

아끼던 돼지가 부뚜막을 들어먹고 아끼던 자식이 불효한다

寵豬舉灶, 寵子不孝

상사는 부하직원이나 일을 대할 때 이성과 감정을 철저히 분리해야 한다. 혹시라도 직원들이 마음 상하거나 자존심 상해할까 봐 실수를 눈감아 주고 잘못을 지적하지 않는다면 오히려 사람을 망치는 형편없는 상사가 되고 만다.

변속
'생존'과 '발전'.
어떻게 속도를 조절할 것인가?

'손 뗄 타이밍'을 아는 사람이 고수다

도박은 나쁜 습관이지만 카지노만큼 인간의 본성을 속속들이 들여다볼 수 있는 곳도 또 없을 것이다. 카지노를 찾는 사람은 크게 두 부류로 나뉜다. 한쪽은 '따고도 몽땅 잃는' 사람들이다. 한 번 크게 따고 나서 만족하지 못하고 계속 판돈을 걸다가 결국 전 재산을 잃고 어쩔 수 없이 그만두는 경우다. 다른 한 부류는 가진 돈조차 없어 빌린 돈으로 도박을 하는 이들이다. 이런 사람은 밑천도 없이 인생역전을 꿈꾼다.

두 쪽 다 어리석지만 이것이 바로 인간의 본성이다. 이런 사람들이 없었다면 라스베이거스 같은 곳의 카지노가 어떻게 이렇게 번창할 수 있었겠는가? 현명한 이들은 카지노에서 이기는 게 이상한 일이고, 지는 것이 당연함을 안다. 그래서 처음부터 스스로 상한선을 정한다. 예를 들어 '카드 게임에 5,000위안까지만 돈을 건다'는 식이다. 돈을 따면 미련 없이 손을 뗀다. 만약 모두 잃더라도 아쉬움 없이 즉시 자리를 떠야 한다. 잃은 돈을 만회하기 위해 돈을 빌리는 일은 결코 하지 않는다. 이런 사람이야말로 게임을 즐길 수 있다. 처음부터 평상심을 유지한 채, 카지노라는 게임의 승패를 한걸음 떨어져서 지켜보는 상당한 고수라 할 수 있다.

어떤 면에서 보면 기업을 경영하는 것 자체가 하나의 게임 같다는 생각을 한다. 예상치 못한 위험에 수시로 직면하고 그때마다 적절한 판단을 내려야 하니 말이다. 중국으로 진출한 타이완 업체들 중 많은 경우가 초기에는 순조롭게 운영하다가 결국 참패하고 철수하는 모습을 보았다. 미리 구조조정을 하지 못한 것이 원인이었다. '계속 따고도 몽땅 잃고 가는' 셈이다.

그래서 어떤 일이든 '동향'이 중요하다. 이윤을 얻을 수 있는 기회는 항상 있는 것이 아니다. 타이완 내수시장의 수주량은 기존에 못 미치고, 당장은 중국의 경제가 빠르게 성장하는 듯 보이지만 지금의 추세가 영원히 이어지리라 장담할 수 없다. 동향이 바뀔 낌새가 느껴지면 인사 구조와 경영전략을 조정해 부지런히 구조 전환 전략을 세워야 한다.

어린 나이에 뜻을 이루는 이들도 있지만 그것은 한때 행운의 덕일 가능성이 크다. 그것을 아는 경영자는 본인의 사업 수완이 특출 나서 성공을 거뒀다고 자만하지 않는다. 내가 직원들에게 자주 하는 말이 있다.

'아무리 대단한 성공이라도 기쁨을 누리는 것은 10분이면 족하다.'

지난 성공 방식에 도취해 있어선 안 된다. 이후로 이어지는 시험들을 계속 감당할 수 있는 사람만이 진정 성공할 수 있다. 결과는 시간만이 증명하는 것이다.

성공에 취해 감각이 둔해지고, 눈에 잘 보이지 않는 맹점을 간과하는 이들은 시간 앞에서 결국 고개를 숙이게 된다. 그래서 회사가 탄탄대로를 걸을 때가 오히려 더 위험할 수 있다. 구조조정의 골든타임을 놓치고 재난을 맞이하는 경우가 너무도 흔하기 때문이다.

유효기간이 지난 성공은 내려놓으라

●

한 직원이 내게 이런 질문을 했다.

"자이언트는 타이완 최대의 자전거업체로 성장했지 않습

134

니까. 앞으로는 또 어떤 기업이 되기 원하시나요?"

지난 성공의 방식이 앞으로도 계속 통하리라고 믿는 개인이나 회사는 미래는 물론이고 과거와 현재에서도 아무것도 배우지 못한다. 시시각각 변하는 사람들과 일, 환경에 적응하지 못해 결국 성공이 지속적인 경영의 가장 큰 장애물이 되어버린다.

2009년 자이언트는 성공의 짐을 내려놓는 한 가지 결단을 내렸다. 에이팀의 구조조정을 선언한 것이다. 당시 에이팀은 임무를 단계적으로 완수한 상황이었고, 자이언트는 내부적인 구조조정의 효과가 나타나고 있었다. 나는 이제 동종 업체 간에 협력하는 방식을 끝내고 친목 성격의 동업 조직으로 전환해 시장 메커니즘으로 돌아가야 한다고 주장했다. '이대로 유지하는 것도 좋지 않느냐?'고 묻는 회원도 있었다. 그러나 자유경제 체제에서 거대한 시장의 힘을 개인이나 개별 산업이 막을 수 없다. 동종 업체 간의 협력은 비상 시기의 응급조치일 뿐, 지속적인 협력이 독점으로 변질되면 산업 생태계가 왜곡된다. 또한, 경쟁이 있어야 발전도 있는 법이다. 자유경제 체제가 계획경제 체제보다 더 큰 성장을 이루는 것도 모두 경쟁의 힘 덕분 아닌가.

타이완의 자전거산업이 지금의 위치에 오를 수 있었던 것은 협력해야 할 때 협력하고 경쟁해야 할 때 경쟁하면서,

한때의 성공으로 방향을 잃거나 해이해져 걸음을 늦추지 않았기 때문이다. 경영은 언제나 현재진행형이다. 시시각각, 해마다 경쟁해야 한다. 비행기가 이륙한 후에는 역풍을 만나든 순풍을 만나든 목적지를 향해 계속해서 날아가야 하는 것과 마찬가지다. 올림픽처럼 경기 결과가 즉시 판가름 나는 것도 아니다. 경영의 결과가 한눈에 보이지 않지만, 앞으로 나아가는 것만큼은 멈출 수 없다.

항일전쟁 중에 중국 공산당은 '30퍼센트는 생존시키고, 70퍼센트는 발전시킨다(三分生存, 七 分發展)'는 전쟁 철학을 내세웠다. 기업의 경영자들에게도 생존과 발전의 양날을 다루는 것은 피할 수 없는 난제다. 지속적인 경영을 위해 성과를 지키는 데는 얼마의 힘을 사용하고, 혁신에는 얼마나 많은 자원을 들여야 할 것인가?

다시 말해 '생존'은 방어, '발전'은 공격이다. 나의 경우 '공격을 최선의 수비로 삼는' 방식을 선택해왔다. 성과를 지키는 데 매달리면 가장 귀중한 자원인 시간이 낭비되기 때문이다.

'생존'은 시장의 흐름을 좇아가고 사람들의 요구를 따르는 것으로 가능하다. 따라서 무엇을 해야 할지 상대적으로 쉽게 판단할 수 있다. 하지만 이미 존재하는 기회를 힘 안 들이고 주우려는 2인자 심리로 오늘은 겨우 먹고살 수 있을지 몰라도 내일은 장담할 수 없다.

반대로 '발전'은 시장에서 가장 앞서가고자 하는 태도다. 이런 사람은 개척자가 되어 내일, 모레의 양식까지 스스로 만들어낸다.

수비만으로는 골을 넣을 수 없다

●

자전거로 예를 들자면 넘어지지 않기 위해 계속해서 페달을 밟는 것이 '생존', 속도를 내고 상대보다 앞서기 위해 더 많은 체력을 쓰는 것이 '발전'이다. 생존과 발전에 들이는 자원의 비율을 3대 7로 할지, 2대 8로 할지는 경영 단계에 따라 달라진다. 자전거를 탈 때 페이스를 조절하는 원리와도 같다. 그날 어느 정도의 거리를 달릴지, 노면 상태가 스퍼트 내기에 적당한지, 자전거 성능이나 자신의 컨디션은 어떤지 등에 따라 속도를 순간순간 조절해야 한다.

이처럼 공격과 수비를 정확히 분간해 얼마나 효율적으로 활용하느냐에 따라 기업 경영의 성패가 갈린다. 기본적으로 나는 살아남기 위해서는 끊임없이 앞으로 나아가야 한다고 생각한다. 현 상태를 유지하려는 관성보다 공격에 들이는 힘이 커야 기업의 성장 동력을 확보할 수 있다. 코닥

(Kodak)이라는 100년 기업을 예로 들면 디지털화의 추세를 무시한 채, 충분한 에너지를 쏟아붓지 않고 새로운 분야에 진출했다가 결국 파산하고 말았다.

지속적인 경영을 위한 가장 좋은 전략은 언제나 '수비'보다 '공격'에 더 많은 공을 들이는 것이다. 만약 체력이 바닥나 공격을 하고 싶어도 할 수 없는 상황이라면, 근간을 유지하고 체질을 조절하면서 기회를 엿볼 수밖에 없다. 병력을 보수하고 경쟁력을 서서히 회복시켜, 경기가 호전된 뒤 다시 출격하면 된다.

자전거는 사람이 있는 한 수요가 존재하는 만년 산업이다. 특히 이런 전통적인 산업 가운데 연구개발 능력이 부족해 처참히 도태된 경영자나 회사가 셀 수 없이 많다. 동향의 변화를 감지하고 혁신하는 회사, 시장 수요에 맞춰 끊임없이 개선을 이어가는 기업만이 계속해서 살아남는다.

1981년 자이언트그룹은 브랜드 '자이언트'를 자체 개발하여 공격에 나섰다. 당시 자이언트는 해외 거래처들에게 품질을 인정받으면서 주문이 가파르게 증가해 자전거 생산량이 연간 60만 대에 달하는 성과를 올리던 터였다. 덕분에 경제부장관으로부터 해외 판매실적 우수상을 받기도 했다. 한때는 미국의 유명 자전거 브랜드 슈윈(Schwinn)사의 주문 생산량 가운데 70퍼센트를 확보하고, 슈윈 역시 자이언트 수주의 70퍼센트를 차지하는 대형 거래처로서 상당히 깊은 상호의존 관계를 유지했다.

그 상황만 보고 판단하자면 당장은 수주가 끊이지 않을 테니 '생존'을 걱정할 일은 없었지만, 나는 슬슬 걱정이 되기 시작했다. 수주가 한 거래처에 지나치게 집중되어 있어서 위안화 환율이 크게 등락하거나 거래처가 갑자기 마음을 바꿔 다른 업체에 생산을 맡기면 자이언트는 하루아침에 무너질 것이 뻔했기 때문이다. 이러한 위기의식에서 나는 진정한 사업의 토대를 마련하기로 마음먹었다. 그리고 자체 브랜드 '자이언트' 개발에 본격적으로 나섰다.

아니나 다를까 몇 년 뒤 우려했던 일이 실제로 일어났다. 이 초중량급 거래처가 자이언트와 협의도 하지 않고 일방적으로 중국 선전에 공장을 지은 것이다. 당시 자이언트의 생존에 가장 중요했던 수주가 하루아침에 빠져나갔다. 다행히 우리는 거래처가 변심하기 전부터 자체 브랜드를 마련해 타이완 시장을 조금씩 개척해가고 있었다. 이런 존망의 위기에서 나는 한발 더 적극적으로 나가기로 했다. 브랜드를 해외시장에 보급하는 데 박차를 가하기로 결정하고 그 후 5년이 지나기 전에 유럽, 미국, 일본, 호주, 캐나다 등의 여러 지역에 해외 지사를 설립했다.

알고 보면 소비자들이 원하는 것은 간단하다. 같은 돈을 주고 전보다 더 높은 만족감을 얻기 바라는 것이다. 대나무 찜통에 쪄낸 중국식 만두 '샤오룽바오'를 파는 딘타이펑(鼎泰豐)이라는 업체가 있다. 매장마다 손님들이 줄을 잇는 이 만두회사는, 전 세계 100여 군데에 해외 지점을 운영하고 있다. 맑은 날씨에도 비 올 때를 대비하는 자세로 끊임없이 경영 혁신을 단행한 결과다. 자신의 운명을 스스로 만드는 이런 기업은 시대와 시장에 결코 뒤쳐지지 않는다.

외상을 주면 단골이 떠난다

欠錢走主顧

외상을 쉽게 주면 사람들이 좋아할 것 같지만,
실제로 손님 입장에서는 가게에 빚을 진 셈이라
점점 더 가게를 찾지 못하게 된다. 빚 독촉을 당
할까 부담스럽기 때문이다. 사업을 할 때도 거
래처에 자금을 꾸어주는 것은 신중해야 한다.
조심하지 않으면 거래처가 떠나도록 등을 떠미
는 꼴이 되고 만다.

호흡 조절
숨을 일정량 마시고
뱉는 것만이 정도다

11

달걀을 담을 바구니는 튼튼한 것 하나면 족하다

●

일본 히로시마 현 구레(吳) 시를 방문했을 때의 일이다.
300년 역사를 자랑하는 미타라이(禦手洗) 거리의 한 신사
에서 소원을 이루어준다는 영험한 '카노우몬(可能門)'을 통
과하는데 현지 가이드가 이렇게 설명을 덧붙였다.

"신은 욕심쟁이를 싫어하기 때문에 사람마다 한 가지 소
원만 들어준다고 해요."

마음에 와닿는 교훈이었다. 나는 살아오면서 스스로 선
택한 신념에 항상 충실했다. 자전거 사업을 시작한 이후로
는 본업에만 철저히 몰입했고 다른 분야에는 눈을 돌리지

않았다. 가이드의 표현을 빌리자면, 내가 신께 바라는 소원은 정말 하나뿐이다.

솔직히 외길을 걷는다는 건 쉬운 일이 아니었다. 회장인 내가 명령을 내린다고 모두가 군말 없이 따르는 게 아니기 때문이다. 금융업계나 부동산 투자사들이 매일 우리에게 손짓을 하며, 사회 각 분야의 유혹도 끊이지 않는다. 동료와 직원들은 '남들 다 하는 걸 왜 안 하느냐'며 의문을 제기한다. 때로는 나 스스로도 의구심이 들 때가 있다.

성실한 경영이란 말처럼 쉽지 않다. 끊임없이 소통해야 하고, 시간을 들여 공감대를 형성해야 하며, 거둔 성과를 모두가 체감할 수 있도록 배려해야 한다. 이것이 기업이 지속적으로 성장할 수 있는 기반이 된다.

내가 이렇게 본업에 집착하는 데는 이유가 있다. 사람의 능력은 계발할 수 있으나 한계도 분명 존재한다. 따라서 에너지를 두 가지 이상의 사업으로 분산하면, 두세 마리 토끼를 잡으려다 한 마리도 잡지 못하는 꼴이 되기 쉽다. 그럼 토끼 한 마리만 악착같이 쫓으면 반드시 잡을 수 있을까? 무조건 잡는다고 할 수는 없지만 집중력이 나뉠 때보다 승산이 훨씬 높아지는 것은 분명하다.

달걀을 한 바구니에 담아두면 사업의 안위에 영향을 미칠 수 있는 사회적, 정치적 배경에 훨씬 민감해진다. 그래서 날카로운 위기의식으로 시시각각 주의를 기울일 수 있다.

어떤 이들은 '경영의 다양화'를 이야기하며 리스크를 분산하는 것이 안전하다고 말한다. 그러나 내가 볼 때 이것은 겉만 보고 하는 얘기다. 실제로 본업은 유지가 되는데, 다양하게 벌린 나머지 사업 부문에서 적자가 계속 발생하는 경우가 허다하다. 그렇게 결국 버티지 못하고 다른 업종에 넘어가 버린 기업들의 사례를 나는 수도 없이 알고 있다.

나는 누군가와 명함을 교환하면 몇 번을 뒤집어본다. 어떤 경우에는 명함의 앞뒤가 이런저런 직함으로 빼곡하게 채워진 것을 보고 놀랄 때가 있다. 한편으로는 존경스럽고, 또 한편으론 '나는 흉내 낼 엄두도 못 내겠다.' 싶은 마음이 들곤 한다.

잘나가는 사업이 아닌, 잘 여문 사업을 하라

●

나의 이런 경영 철학은 아버지의 영향을 가장 많이 받았다. 다만, 아버지는 본받고 싶은 롤모델이라기보다는 오히려 반면교사에 가까웠다. 내가 어릴 때부터 아버지는 투기성 사업을 활발히 하셨는데, 나는 여기에 은근한 반감을 느꼈다.

일제 강점기 시절부터 아버지는 일본, 홍콩, 상하이를 자주 오갔는데 국제무역이라 할 것도 없이 그저 기회가 보이는 대로 사업을 벌이는 형태였다. 가령 일본인들은 바나나를 좋아하는데, 바나나는 보관하기가 쉽지 않으니 거의 다익은 바나나를 대량으로 구매해 말린 바나나 칩으로 만들어 판매하는 식이다. 제2차 세계대전 당시에는 집값이 떨어지고 식량이 부족해져서 닭 한 마리면 집 한 채와 맞바꾼다 할 정도였다. '싸게 들여 비싸게 내놓는' 아버지의 경영 논리 덕에 우리가 살던 사루 거리의 건물 전체가 모두 아버지 소유였던 적도 있다.

그 시대에 아버지의 사업 전략이 특별히 잘못된 것이었다 할 수는 없다. 그러나 나는 자라면서 투기성 사업의 이점과 폐해를 모두 경험했다. 무엇보다 생활의 기복이 커서 늘 불안정했다. 잘나갈 때는 대접받고 떵떵거리며 살지만, 사업이 기울 때는 가차 없이 무시를 당했다. 크고 작은 인심의 변화 하나하나가 어린 내 마음에 크게 와닿았다.

그 후 타이완이 해방되어 정세가 안정되자 아버지는 거리 전체의 건물들을 높은 가격에 되팔았다. 덕분에 매매차익과 돈을 빌려준 이자로 많은 이익을 남겼다. 그런데 얼마 후 구 화폐 4만 타이완달러가 신 화폐 1타이완달러로 바뀌면서 현금이 가장 가치 없는 자산이 되고 말았다. 아버지로서는 전혀 예상치 못한 일이었다.

아버지의 사업이 여러 차례 일어섰다 주저앉는 과정을 보면서 나는 훗날 제조업에 종사해야겠다는 생각을 자연스레 하게 되었다. 아버지도 말년에는 사업 분야를 바꾸어 지인과 함께 통조림, 밀가루 공장 등을 운영했다. 나 역시 서른여덟에 자전거 사업을 시작하기 전에는 아버지의 밀가루 공장에서 일했다.

'크게 흥하면 크게 망한다', '음식을 급하게 데우고 식히면 빨리 쉬고, 데우거나 식히지 않아야 오래 간다'. 아버지가 내게 입버릇처럼 하시던 이야기를 늘 기억한다. 모두 타이완 속담인데 아버지의 경험에 비추어 해석하자면 이런 의미일 것이다. '크게 흥하면 크게 망한다'는 것은, 갑작스러운 등락을 이용해 얻은 차익은 대부분 좋지 않은 결과를 가져온다는 뜻이다. 또한 '음식을 데우거나 식히지 않아야 오래간다'는 말은, 주식이나 부동산에 일시적인 오름세가 나타나면 반드시 버블이 뒤따른다는 이야기다.

아버지의 인생을 통해 나는 '진심이 담긴' 경영이 상책임을 배웠다. 내가 자전거 사업에 매력을 느낀 것도, 내 실력을 통해 안정적으로 성장하고 이윤을 낼 수 있는 일이기 때문일 것이다.

운으로는 시험을 감당할 수 없다

●

자전거 사업은 주식 투자나 부동산 개발을 본업으로 하는 회사와 근본적으로 다르다. 주식이나 부동산으로 얻는 이윤은 기회이윤이다. 이윤을 얼마나 올리느냐, 혹은 손해를 보느냐가 전적으로 '사고파는 타이밍', 즉 들어가고 나가는 적절한 시점을 선택하는 능력에 달렸다. 이런 사업은 투자와 철수가 언제든 가능하고, 판단만 정확히 한다면 단번에 몇 년을 먹고살 만큼 큰돈을 벌 수 있다. 그러나 모든 게 내 생각대로 되지는 않는다. 사람들은 이를 '투자'라 미화하지만 본질적으로는 영락없는 '투기'이다.

나도 한때 기회이윤으로 돈 버는 사람들이 부러웠던 적이 있다. 그래서 그들처럼 금융 투자를 해볼까 하는 생각도 잠시 했다. 하지만 운과 외부 환경에 의존한 투기성 사업은 시험을 감당하지 못한다는 것을 곧 깨달았다. 성공했을 때는 능력 있고 안목 있는 전문가로 비춰지지만, 실패하면 한 푼도 건지지 못하고 파산에까지 이르게 되는 것이다.

투기로 자산을 증식해 하루아침에 성공한 회사는 휘황찬란한 재무제표와 외부에서 쏟아지는 미사여구로 미화되어, 기업 내부의 숨은 문제와 위기를 분명히 보지 못한다. 손에는 불발탄만 한가득한데 전쟁 준비를 마쳤다고 착각하는

격이다.

사람과 마찬가지로 기업 역시 차근차근 안정적으로 성장해야 체질이 건강해진다. 노력 없이 얻은 기회이윤으로 올해는 잠시 기쁨을 누릴 수 있다. 하지만 다음해, 그 다음해에는 부작용이 일어날 가능성이 크다. 돈을 쉽게 벌면 허약한 자신감에 차서 다른 사람들을 만만히 보고 건강하지 않은 방식에 눈을 돌리게 되기 쉽다.

그래서 나는 기회에 의존해 자본을 몇 배로 증식하는 것보다 건전한 성장의 가치를 높이 평가한다. 성장 폭이 어느 정도 이상이어야 바람직한가는 업종의 특성에 따라 다르지만, 일반적으로 영업액이 연간 10~20퍼센트 두 자릿수의 증가율을 이어간다면 저력이 대단하다고 본다. 시장에는 불확실성이 존재하게 마련이고 경기 변화는 사람이 통제할 수 없다. 이처럼 예측하기 힘든 환경에서 해마다 성장을 이루는 것은 대단한 실적이며, 이것이야말로 지속적인 경영의 기초다.

자이언트의 '온리 원' 경영 전략은 미래의 변화에 착안해 잠재된 시장 수요를 하나하나 발굴하는 데서 시작한다. 우리는 얼마나 많은 돈을 벌 것인지를 먼저 생각하지 않는다. 이윤을 우선순위에 두면 경영의 본질이 왜곡되기 때문이다. 다시 말해 '온리 원'을 경영의 방향이자 전략으로 삼은 결과가 '넘버 원'인 것이지, 처음부터 세계 최고가 되리라는 야심으로 시작한 것이 아니다.

나는 '온리 원'을 추구하는 기업만이 지속적으로 성장할 수 있다고 믿는다. '넘버 원'을 표방하다가는 십중팔구 본분을 잊고 위기 앞에 해이해진다. 풀어진 긴장을 새로 다잡을 때는 '마찰력'까지 극복해야 한다. 자전거는 혼자서 힘을 좀 더 들여 페달을 밟으면 되지만, 조직의 경우 구성원들 전체가 힘을 합쳐 움직이지 않으면 바퀴가 굴러가지 않는다. 한 번 멈춘 바퀴를 다시 돌리려면 몇 배의 힘이 필요한 법이다.

리우 회장이 알려주는
타이완 속담 속
경영 원리

고기 먹는 도박장 주인은 있어도 얻어맞는 도박장 주인은 없다

看到頭家吃肉, 沒看到頭家被打

직원들은 사장이 사업에 성공해 호의호식하는 모습만 보고 전쟁터 같은 업계에서 라이벌과 잔혹한 사투를 벌이는 모습은 보지 못한다. 노사 양측은 서로의 고충을 이해하고 조화로운 관계를 이루어야 한다.

스탠딩
의미 있는 일 한 가지를
완벽히 해내면 세상이 바뀐다

12

자전거를 타고 호텔 방까지 들어간 이유

●

훗날 내 인생 최대의 업적을 꼽는다면 뭐라고 해야 할까? 자이언트를 세계 최대의 자전거 제조업체로 성장시킨 것이라 예상하는 사람들이 많겠지만, 내 생각은 다르다. 돈을 버는 사업은 아니지만 유바이크를 세상에 내놓은 것이 살면서 가장 의미 있는 일이었다.

세계에서 가장 유명한 공용자전거 대여 시스템은 프랑스 파리의 '벨리브(Vélib, '자전거'를 뜻하는 프랑스어-옮긴이)'로 전체 자전거의 일일 회전율이 6~7회가량이다. 그런데 2012년 말 타이베이에 설치된 유바이크는 최고 회전율이 무려 15회, 평균 회전율도 10~12회에 달한다. 2년간 이용자 수를 계산하면 한 해당 3,000만 명을 넘어선 것으로 나타난다.

타이완 인구가 2,300만 명 정도이니, 갓 태어난 아기까지 전 국민이 평균 한 번 이상 이용한 셈이다. 타이베이 시 인구 260만 명으로 계산하면 모든 시민이 유바이크를 열 번 이상 탔다고 할 수 있다.

타이완 중남부 지역의 경우 회전율이 하루 5회만 되어도 나쁘지 않은 것으로 보았는데, 실제 회전율은 평균 8~9회에 달했다. 2014년 5월, 유바이크는 강 건너 장화 시에 대여소를 설치했다. 같은 장화 현 내에 위치한 위안린(員林) 시 주민들은 왜 장화 시에만 유바이크를 설치하느냐며 '위안린 주민은 이류 국민이냐'고 불평하기도 했다(위안린 시에는 2014년 8월에 유바이크가 설치되었다-옮긴이).

타이완의 유바이크 홍보 효과는 세계 최고 수준이다. 타이완을 방문한 중국의 정부 관계자가 '유바이크 시스템을 꼭 수출하길 바란다'고 밝혔을 정도다. 불과 얼마 전까지만 해도 자전거 판매 붐이 세계에서 가장 뜨겁게 일었던 나라가 바로 중국이라는 사실을 생각하면 놀라운 일이다.

일본 경제지 〈동양경제(東洋經濟)〉의 노이마 쓰요시(野島剛) 기자는 타이베이 시의 유바이크를 다음과 같이 소개

했다.

"유바이크는 시민들에게 큰 호평을 받는 사업이다. 유바이크를 통한 차량 감소 효과로 도시의 경관 자체가 바뀌는 현상이 일어났을 정도다. 2년이라는 짧은 기간에 이러한 변화가 일어난 것은 가히 기적이라 할 만하다. 일본도 타이완의 노하우를 마땅히 배워야 할 것이다."

사람들은 유바이크의 급성장을 밖에서 보고 놀라워할 뿐 그 이면에 어떤 열정과 사명감, 그리고 전문성이 결합해 있는지는 상상치 못할 것이다. 자신 있게 말할 수 있는 것은 지금의 유바이크는 자이언트가 아니었다면 결코 이 정도 수준에 도달하지 못했으리라는 사실이다.

나는 오랜 기간 세계 각국의 공용자전거를 깊이 있게 연구했다. 몇 년 전 파리에 답사를 갔을 때는 벨리브 자전거를 직접 타보는 데 만족하지 못하고 호텔까지 끌고 들어가기도 했다. 어떤 사양의 부품을 쓰는지, 어떻게 특수 설계를 해야 부품을 도난당하지 않을지 등을 자세히 뜯어보며 연구했다.

또한 다른 여러 나라 공용자전거 시스템의 장단점을 정리해서 데이터화해본 결과, 아직도 자전거 탑승 서비스에 부족한 점이 많다는 걸 알 수 있었다.

일례로 외국의 경우 자전거 대여소마다 두세 대 정도는

타이어 공기압이 부족하거나, 체인이 빠져 있거나, 벨이 울리지 않거나, 소리가 나면 안 될 부분에서 소리가 나는 경우가 많았다. 사람들이 대여용 자전거에 별 매력을 느끼지 못하니 자연히 회전율이 떨어지고, 운영업체는 수지가 맞지 않아 총체적 난국의 사업을 정부에 떠넘기고 있었다.

파리의 벨리브조차 대여하는 자전거의 질이 형편없었다. 공장의 생산 및 관리 과정 전반에 직접 관여하지 않고 판매업체에 피드백을 맡겼으니 그럴 만도 했다.

이런 전체적인 문제를 극복할 방법이 있을까? 우리는 도전하기로 했다. '의미 있는 일을 완벽히 해내면 세계를 바꿀 수 있다'고 믿었기 때문이다. 그래서 공용자전거 전용 모델을 개발하고, 스마트화를 통해 관리 및 서비스 시스템을 통합할 방안을 고민했다.

그 일환으로 공용자전거 서비스와 지하철 교통시스템을 연계하도록 했으며, 교통카드 기능이 탑재된 RFID(무선주파수 식별장치) 충전 서비스까지 고안했다. 이러한 노력 끝에 마침내 지금의 유바이크가 탄생했다. 그리고 유바이크는 단기간 내에 세계 자전거공유 시스템의 새로운 규격과 기준을 제시하는 수준에까지 도달했다.

공짜 자전거? 최고급 국민 차!

●

나는 어떤 일을 하든 멀리 생각하고 먼 미래를 보고자 애쓴다. 5~10년 후를 내다보는 안목을 갖추지 못한 리더는 기업을 제대로 경영할 수 없다는 사실을 나는 잘 알고 있다. 농사를 지을 때 씨를 뿌려 거두어들일 때까지 참고 기다려야 하듯이, 투자 역시 내일 당장 이윤이 창출되는 것이 아니다. 그래서 나는 목표 달성보다 과정을 관리하는 데 훨씬 많은 노력을 기울인다.

우리가 처음 유바이크를 설립할 때, 나는 공용자전거를 '스마일바이크(Smile Bike)'라는 이름으로 시민들에게 선사하고 싶었다. 활기차고 행복하면서도 감성적인 느낌을 전달하고 싶어, 로고만 해도 디자인회사 세 곳의 시안을 비교했다.

'유바이크(YouBike)'라는 공용자전거 시스템의 명칭을 지을 때도 고심을 했다. 유바이크는 '당신의 자전거(your bike)'라는 뜻이다. 나는 처음부터 '공용자전거'라는 사무적인 명칭을 완강히 반대했다. 너무 딱딱한 이름이라 사람들이 다가가고 싶은 마음이 들지 않기 때문이다. 더구나 '다 함께 쓰는 자전거'라는 이미지를 심어주어 사용자들이 내 물건처럼 소중히 아끼는 마음을 갖기 힘들 것 같았다.

그러나 시정부는 표결안에 이미 '공용자전거'로 표기되어 있어 임의로 바꿀 수 없다고 주장했다. 나는 상관없다며, 예산 편성과 공문 작성 시에는 규정대로 표기하되 시민들을 대상으로 할 때는 반드시 'YouBike, 스마일바이크'라는 명칭을 써야 한다고 고집했다. 이를 두고 오랜 논쟁이 오갔다. 하지만 지금은 시정부 공무원들까지 대외적으로 타이베이 관광을 홍보할 때 '공용자전거'가 아닌 '유바이크'라는 이름을 사용한다.

유바이크 효과는 공식 통계만 봐도 확인할 수 있다. 파리는 공용자전거의 도난이나 훼손 비율이 처음부터 20퍼센트를 넘었던 데 비해, 타이베이의 경우 스마일바이크 5,000대 가운데 도난 신고가 접수된 사례는 열다섯 건도 되지 않는다. 그마저도 대부분은 시민들이 얼마 후 자발적으로 찾아서 반납한 것으로 나타났다. 타이베이 시민들이 이 자전거를 개인 재산처럼 소중히 여긴다는 반증일 것이다.

나는 유바이크의 이름뿐만이 아니라 디자인 작업에도 직접 관여했고, 공장 생산라인의 감독 역할까지 자처했다. 자전거를 전문으로 하는 업체의 경영자이니만큼 시내의 도로 상황이 어떤지, 어떤 규격의 자전거가 필요한지도 잘 알고 있었다. 나는 스마일바이크를 앞바퀴 24인치, 뒷바퀴 26인치의 특수 규격으로 설정했다. 자전거의 전체 무게는 17킬로그램으로 묵직한 편이지만, 앞바퀴가 작고 뒷바퀴가 상대적으로 커서 달리다 멈출 때 힘이 전혀 들지 않는다. 출발 또한 가뿐하고 쉽게 할 수 있어서 사람들에게 '쾌적한 자전거'로 다가갈 수 있었다.

타이어에도 특별한 신경을 썼다. 외국의 공용자전거는 수리 및 관리가 편하도록 대부분 공기를 넣을 필요가 없는 재활용 타이어를 사용한다. 하지만 재활용 타이어를 달면 승차감이 떨어질 수밖에 없다. 그래서 유바이크는 공기를 주입하는 타이어를 사용했다. 덕분에 '타이어 관리팀'을 따로 운영하여, 매일같이 각 대여소를 돌며 타이어 공기압을 체크해야 한다.

유바이크를 위해 우리는 회사의 생산망을 동원하여 가장 좋은 공급업체를 물색하고, 가장 높은 사양의 부품을 사용했다. 안쪽 변속기로 일본 시마노 제품을 사용하고, 세계 최대의 체인 제조업체 KMC에 의뢰해 잘 마모되지 않는 유바이크 전용 체인을 개발했다. 고급 자전거 체인들은 일반적으로 900킬로그램의 장력을 견딜 수 있게 설계되어 있는데, 유바이크 체인의 경우 훨씬 무거운 1,200킬로그램까지 장력을 이길 수 있다.

안장은 고급 자전거 안장 생산업체 벨로(Velo)에 위탁했다. 우리가 원하는 것은 비가 온 다음 앉아도 바지가 젖지 않고, 배수성이 강해서 빨리 마르며, 항균 기능이 있는 특수 안장이었다. 이렇게 설계된 안장은 후에 파리 공용자전거 운영업체가 지목해 대량으로 구매하기도 했다. 운행을 시작한 후에도 모든 자전거는 끊임없이 개선하는 중이다. 현재 사람들이 이용하는 스마일바이크는 대부분 2세대, 3세대 모델로, 일부 자전거는 제조 비용이 수 만 타이완 달러 (100만 원 이상)를 호가하는 수준이다.

유바이크를 자세히 살펴보면 앞바퀴 쪽 프레임과 몸체 쪽 프레임 사이에 짧은 스프링이 연결된 것을 볼 수 있다. 스프링은 두 가지 기능을 한다. 먼저, 자전거의 머리 방향을 고정시켜 오랜만에 자전거를 타는 사람들도 안정적으로 운전할 수 있도록 돕는다. 누구나 앉아서 페달만 밟으면 비틀거리거나 넘어지지 않고 직선으로 쉽게 주행할 수 있다.

또 한 가지 기능은, 대여소에 자전거를 반납할 때 가지런히 세울 수 있게끔 유도하는 것이다. 스프링이 자전거의 앞바퀴와 몸체를 끌어당기기 때문에 앞바퀴를 들어서 세우면 자전거들이 일정한 방향으로 정렬된다. 중구난방 어지럽게 놓이는 걸 방지해, 정돈된 도시 미관을 유지할 수 있다.

유바이크의 품질은 세계 다른 도시의 공용자전거들이 따라올 수 없는 수준이다. 그저 사람들이 탈 수 있는 자전거를 제공하는 것이 아니라, 좋은 자전거를 보급하고자 노력한 결과다.

언론에서는 유바이크를 '최고급 국민 차'라 표현하기도 한다. 딱 들어맞는 표현이 아닌가 싶다. 한 시의원은 의회에서 베트남산 여성용 자전거에 대해 질문을 하면서 "유바이크와 비슷하게 생겼는데 가격은 절반 수준"이라며 농담을 하기도 했다. 눈에 보이지 않는 곳에서 쌓은 우리의 노력이, 유바이크를 그냥 '공짜 자전거'가 아닌 '좋은 자전거'의 대명사로 만든 것이다.

소비자가 기대하는 브랜드가 되라

유바이크 소프트웨어 구성의 경우, 배후관리 시스템을 안정적으로 유지하기 위해 자이언트는 '마이크로프로그램(Microprogram)'의 주식을 매입하기로 결의했다. 교통카드의 정보 서비스를 지원하는 마이크로프로그램 덕에, 유바이크의 운영 규모가 중남부 지역까지 대폭 확장되었음에도 시스템을 순조롭게 운영할 수 있었다.

우리는 유바이크의 모든 자전거를 최적의 상태로 유지하기 위해 정기적으로 공장에 보내 보수를 한다. 또 한편으로는 전문 정비사들이 각 대여소를 돌며 점검 및 수리 작업을 병행한다. 회전율을 높이기 위한 방편도 마련했다. 배차요원을 투입해 이용자가 많지 않은 시간에는 자전거를 수요가 많은 대여소로 보낸다. 더불어 민간투자사업 계약 사항에는 없는 '24시간 서비스 콜센터'를 별도로 마련했다. 유바이크가 세계 최고의 회전율을 기록한 배경에는 이렇게 보이지 않는 세세한 노력들이 있었다.

내가 요구한 또 한 가지는, 유바이크를 지하철의 서브시스템으로 만들자는 것이었다. 거점인 타이베이를 비롯한 모든 지역 유바이크 대여소들을 주변 지하철역 중심으로 배치해, 시민들이 지하철과 유바이크만 있으면 집 앞까지 곧장 갈 수 있었으면 했다. 다시 말해 유바이크를 보조적인 대중교통 시스템으로 만들자는 이야기였다.

자전거의 색상은 고속열차 색과 같은 오렌지색으로 결정했다. 경쾌한 오렌지는 거리의 풍경과도 가장 잘 어울리는 색상이었다. 자이언트사의 로고는 푸른색이지만, 굳이 회사 로고와 같은 색을 고집할 생각은 없었다.

다른 사람이 하지 않는 일을 할 때는 많은 것을 처음부터 배워야 한다. 그 과정에서 큰 대가를 치러야 하지만 배움의 결과로 얻는 수확은 그보다 훨씬 풍성하다. 현재 타이베이, 장화, 타이중, 신주(新竹)뿐 아니라 타이완 북부에서 남부까지 많은 지방정부가 시민들의 기대에 부응해 유바이크

설치에 힘쓰고 있다. 나는 '소비자가 기대하는 브랜드'가 진정 성공한 브랜드라 생각한다. 사람들이 애플사의 새로운 아이폰 모델이 언제 출시되는지 관심을 기울이고 기다리는 것처럼 말이다.

유바이크는 하나의 브랜드로서 사용자의 경험과 느낌을 철저히 중시하며, 소비자가 기대하는 것 이상의 제품과 서비스를 제공하려 노력한다. 그런 점에서 유바이크와 자이언트는 똑같은 브랜드 이념과 사상을 바탕으로 성장한 셈이다.

브레이크
- 뛰어난 미끄럼 방지 기능.
- 바퀴를 조이는 방식의 브레이크로 안전하고 민첩한 정차 가능.
- 비용이 전통적인 방식의 두 배 이상에 달함.

프레임
- 묵직하며 주행하기 쉬움.
- 무게 17.5킬로그램, 앞바퀴 24인치, 뒷바퀴 26인치.

안장
- 고급 자전거 안장 제조업체 벨로 제품으로, 엉덩이를 편안하게 받쳐줌.
- 배수성이 뛰어나 빨리 마르며 세균 번식을 막아줌.

벨
- 내구성이 뛰어나고 잘 떨어지지 않음.
- 소리가 귀에 거슬리지 않음.

타이어
- 승차감이 좋은 공기 주입식 타이어.
- 비(非)주입식 재활용 타이어에 비해 유지 비용이 높음.

체인
- 세계 최대의 체인 제조업체 KMC 제품.
- 강력한 내마모성으로 주행 시간이 길어짐.
- 장력을 1,200킬로그램까지 감당.

기어
- 세계적인 기어 선두기업 시마노 제품.
- 3단 변속으로 오르막을 힘 있게 달릴 수 있음.

유바이크 자전거의
독자적인 설계

바구니
• 플라스틱 소재로, 무거운 짐을 실어도
변형되거나 부러지지 않음.

라이트
• 앞바퀴 바퀴축이 돌면서 전기가 생성되는
마찰식 발전으로 저항을 줄여줌.
• 페달을 밟으면 빛이 남.

주차 기둥
• 기둥 하나에 두 대를
주차할 수 있는 효율적인 설계.
• 무선주파수 식별장치 및
소액결제 시스템과 호환.
• 3초 안에 대여 완료.

스프링
• 바퀴 쪽 프레임과 몸체 프레임 사이의
스프링이 회전하는 독자적인 충격 완화 설계.
• 직선 주행을 도와주며 안정도를 높임.
• 주차 시 자전거를 한 방향으로 유지할 수 있음.

카드기
• 세계 유일의 무보증금 시스템.
• 휴대폰 번호와 교통카드만 있으면
회원 가입 가능.
• 3분 안에 충전 및 대여 완료.

코는 만질수록 길어진다

鼻越接越長

문제를 해결할 때 보이는 부분만 해결하고 근본
적인 원인은 건드리지 않는다면, 투입하는 자원
과 인력 모두가 헛수고로 돌아간다. 상황이 개
선되지 않을뿐더러, 처음에는 단순했던 문제가
복잡하게 엉켜버릴 수 있다.

169

3

낡은 길을 벗어나
최적의 경로를
개척하기

인생은 자전거 타는 것과 같다. 균형을 잡으려면 계속 앞으로 달려야 한다.
Life is like riding a bicycle. To keep your balance you must keep moving.

_알버트 아인슈타인(Albert Einstein)

자전거로 갈 수 있는 가장 아름다운 곳을 꿈꾸다

깊은 가을 새벽빛이 일본 세토 내해를 금빛 광휘로 감싸기 시작한 시각. 사이클복 차림의 두 사람이 좁은 폭으로 끝없이 이어진 다리를 건넌다. 그들은 모두 '자전거 전도사'다. 한 명은 타이완에서 온 리우 회장이고, 또 한 명은 그에게 감명을 받아 '일본의 자전거 전도사'가 되기로 결심한 에히메 현 도키히로 도지사다.

2014년 10월 26일, 에히메 현과 히로시마 현이 공동 주최하는 '세토우치 시마나미 해도 국제 사이클대회'가 열렸다. 대회를 위해 이례적으로 오전 6시부터 정오까지, 시코쿠(四國)와 혼슈(本州)를 잇는 고속도로 46킬로미터 구간의 차량이 통제되었다. 내해의 섬 아홉 곳을 잇는 해상 고속도로는 자전거 애호가들이 꿈에 그리던 '낙원의 코스'로 바뀌어 그들을 맞이했다.

집계에 따르면 31개 국가에서 7,200명이 넘는 사람들이 대회 참가를 신청해, 일본 역사상 최대 규모의 국제 자전거 축제를 즐겼다. 타이완에서 온 100여 명의 참가자들은 네 번째 출발 조에 배정되었다. 이 조의 인솔자는, 마침 행사의 진행을 맡아 출발 시총을 울린 도키히로 도지사였다. 도지사는 "리우 회장님이 아니었다면 이번 행사가 개최되지 못했을 것"이라고 말했다.

그날 저녁, 타이완의 자전거 동호인들은 국빈급으로 성대하게 준비된 '타이완의 밤'에 초대되었다. 이 자리에서 도키히로 도지사는 리우 회장을 가리켜 자신에게 '타이완의 아버지 같은 분'이라며 치사했다.

리우 회장과 도키히로 도지사의 인연은 2011년 처음 시작되었다. 도지사는 에히메 현의 관광 진흥 방안을 모색하던 중 자이언트에 대해 알게 되었다. 그래서 자문을 구하고자, 자이언트 일본 지사를 통해 타이중 본사를 직접 방문했다.

그는 이 만남 후 "자전거에 대한 생각이 완전히 바뀌었다"고 소감을 밝혔다. 일본에서 자전거는 주로 출퇴근이나 등하교를 할 때 사용하는 교통수단, 혹은 짐을 싣는 용도인데 리우 회장이 말하는 자전거는 완전히 새로운 개념이었다. 자전거를 통해 사람들에게 건강과 삶의 의미, 다른 이들과 함께하는 즐거움을 선사할 수 있음을 알게 되었다고 그는 설명했다. 이것이 바로 자이언트가 타이완에서 추진하는

'새로운 자전거 문화'의 의미이기도 하다.

그 후 도키히로 도지사는 타이완의 자전거 문화를 좀 더 깊숙이 체험하기 위해 답사에 나섰다. 그는 타이완의 르웨탄(日月潭) 호반도로와 베이이(北宜) 고속도로를 자전거로 직접 달렸다. 베이이 고속도로는 타이베이와 동부의 이란(宜蘭) 지역을 잇는 길이다. 그는 답사를 통해 자전거가 주는 성취감을 실감했고, 자전거를 그저 지역 홍보의 도구로만 여겼던 맨 처음 생각에도 근본적인 변화가 일어났다.

자이언트와 타이베이 시정부간 협력의 토대가 된 것은 'YouBike, 스마일바이크' 공용자전거 사업이다. 유바이크는 2년 만에 사용자가 연인원 3,000만 명을 돌파하는 기록을 세워, 세계에서 보급 효과가 가장 뛰어난 시스템으로 인정을 받았다. 또한 유바이크는 '새로운 자전거 문화'가 구체적으로 실현된 사례이기도 하다.

그러나 리우 회장은 여기에 만족하지 않는다. 그에게는 큰 꿈이 하나 더 있다. 타이완 자전거산업이 세계를 선도하는 수준에 도달한 지금, 각국의 사람들이 타이완에 와서 '최고의 라이딩'을 체험하도록 하는 것이다. 관광객들이 스키를 타러 스위스에 가듯, 자전거를 타기 위해 타이완을 찾게끔 할 수 없을까. 타이완을 전 세계 자전거 동호인들이 가장 동경하는 '자전거 낙원'으로 만드는 것이 바로 그의 꿈이다.

스웨덴 가구 브랜드 이케아(IKEA)는 가구만 파는 것이 아니라 북유럽의 심플한 라이프스타일을 판매한다. 이와 마찬가지로 자이언트는 고급 자전거뿐만 아니라 자전거에서 비롯되는 풍요로운 삶과 새로운 자전거 문화를 해외로 수출하고 있다. 문화산업의 대국이라 하는 일본이 자이언트의 제품과 문화를 동시에 수입하는 대표적인 나라다. 자이언트는 여기에 그치지 않고 자전거산업의 구도를 한 단계 성숙시켜, 쇠락으로 끝나는 전통 산업의 숙명을 뒤집고 있다.

자전거 자체는 지극히 단순하고 평범한 제품이다. 그러나 자전거를 타면 삶이 믿을 수 없을 만큼 다채로워지고, 더불어 놀라운 사업 성과들이 탄생한다. 망원경으로 리우 회장의 삶을 바라보면 기적처럼 느껴지겠지만, 그와 어깨를 나란히 하고 나아가다 보면 그의 업적은 기적이 아닌 노력의 결과임을 분명히 보게 된다.

야간 라이딩
열정, 가장 밝은 라이트

13

세계를 물들인 자전거 전도사들의 열정

●

많은 언론과 업계 사람들이 나를 '자전거의 대부'라 부르지만 나는 '자전거 전도사'라는 호칭이 더 좋다. 일흔셋에 자전거 일주를 완주한 후 스스로 점점 더 젊어지는 걸 체감하고서 자전거의 추종자가 되다시피 했기 때문이다. 나의 활력은 직원들에게도 옮아가 회사 전체의 사기가 높아졌다. '회장님도 하는데 우리라고 못할 이유가 있어?' 하는 분위기가 조성되면서 회사 내에 자전거 붐이 일었다.

자이언트의 CEO 토니 로는 지난 7년 동안 일곱 번, 1년에 한 번꼴로 자전거 일주를 했고, CFO 보니 투(Bonnie

Tu)는 사내 여성 자전거 동호인들을 모집해 자전거 일주에 나서는가 하면 예순다섯 가까운 나이에 철인3종 경기까지 도전했다. 둘 다 내가 자전거 일주에 성공하기 전에는 그런 도전을 생각지도 않았던 사람들이다.

처음에는 그저 자유롭게 라이딩을 다니고, 할아버지가 일흔셋의 나이에도 자전거 일주를 했다는 것을 자손들에게 기록으로 알리고 싶었을 뿐이다. 그런데 그렇게 한걸음을 내딛고 나니, 더 많은 사람들에게 '자전거 낙원'을 알리고 싶은 욕심이 생겼다.

나는 그런 상태를, 새로운 나를 발견한 후 '열정을 방출' 하는 단계라 표현한다. 단순히 우리 회사의 자전거가 좋다고 자화자찬하거나, 회사의 대변인으로서 자전거 판매를 독려하려는 의도가 아니다. 만약 그렇게 생각한다면, 우리 회사 젊은 직원들의 능력을 과소평가하는 것이다.

사실 기업의 행보가 어떤 동기에서 이루어진 것인지는 대중들이 금방 알아채게 되어 있다. 사람들이 모르리라 생각하면 오산이다. 한 사람이 지나온 인생이 곧 그의 브랜드이듯, 자이언트가 오랜 세월 자전거를 즐기는 사회적인 분위기를 조성하고 자전거산업의 위기를 극복하려 애쓴 과정은 우리의 브랜드 자체에 녹아들어 있다. 이것이야 말로 열정의 진정한 DNA일 것이다.

그저 사익만을 추구하는 동기에서 이룬 성과는 쉽게 변질 되고 심지어 오점으로 남기도 한다. 행동 없이 말로만 떠드는 것 또한 진정한 열정이 아니다.

전도사에게 열정이 없으면 전도를 할 수 없다. 나는 사람 들이 자전거에 새로운 열정을 품기를 바랐다. 실제로 사람 들은 우리의 시도를 의미 있게 지켜봐 주었고, 작은 변화들 이 이어져 어느 순간 '자전거 타는 문화'와 새로운 사회적 분위기를 낳았다. 이제 우리의 열정은 타이완을 넘어 세계 로 향하는 중이다.

2009년, 나는 20일 동안 베이징에서 상하이까지 달리는 라이딩에 나섰다. 라이딩의 테마는 '두 바퀴로 중국과 대만의 우의를 다지는 즐거운 여행'이었다. 이 행사는 중국과 대만 간 에 시도하는 새로운 형태의 교류라는 점에서 의미가 있었다.

실제로 라이딩을 하면서 나는 적잖이 놀랐다. 가는 곳마 다 시장과 기자들이 나를 맞아주고 융숭한 대접을 해주었 던 것이다. 여정 내내 자전거 동호인들이 길게 늘어서서 우 리를 환영하며 사진을 찍었다. 심지어 고속도로를 통제하 는 교통경찰은 우리가 통과하는 지점의 신호등을 녹색 불 로 바꿔주기까지 했다. 모두 상상도 못한 일이었다.

나이든 노인이 자전거로 장거리 라이딩을 하는 것이 상당 히 인상적이었는지 현지 언론들도 크게 조명을 했다. 이런 사회적 관심과 더불어 자전거에 대한 중국인들의 시선도 달라지는 걸 느꼈다.

이렇게 자이언트가 자전거 문화를 성공적으로 전파하는 것을 보고 2012년, 도키히로 도지사가 찾아왔다. 그는 열여덟 명의 의원을 인솔해 타이중에 있는 자이언트 본사를 직접 방문했다. 일행은 겸손한 태도로 나와 네 시간 동안 이야기를 나누었다. 대화 도중 일본의 자전거도로를 체험해보지 않겠느냐는 제안도 받았다. CNN이 선정한 '세계에서 가장 아름다운 7대 자전거도로'인 시마나미 해도가 일본에 있으니 한번 와보라는 것이었다.

당시 도키히로 도지사는 마라톤에 빠져 있었는데 나의 권유로 자전거에 색다른 매력을 느끼게 되었다. 덕분에 본인뿐만 아니라 아내, 나아가 직원들과 현 의회, 에히메 현 지역의 기업주들까지 자전거를 즐기자는 분위기가 고조되었다. 도키히로 도지사가 '일본 자전거 전도사'의 시류가 된 것이다.

지금도 타이완뿐 아니라 해외 곳곳에서 자전거 전도사를 자처하는 사람들이 늘어나고 있다. 이들 덕분에 거리는 알게 모르게 새로운 자전거 문화로 물들고 있다.

'지는 싸움'에 나서다

●

이제까지 걸어온 길을 되돌아보면 이런 성과들은 결코 단숨에 이루어지지 않았다. 먼저 사회적인 공감대와 지지 기반을 형성해야 한다. 그 과정에서 성취감이 높아지고 일의 의미가 한층 더 뚜렷해져, 더욱 긍정적인 새로운 동력으로 작용하게 된다.

중요한 점은 꿈만 꾸는 것이 아니라, 장기적인 목표를 세우고 단계마다 계속해서 조정해나가야 한다는 것이다. 자이언트는 품질관리의 중요한 기법인 PDCA(Produce-Do-Check-Action, 계획, 실천, 확인, 조치로 이어지는 일련의 업무 사이클-옮긴이)를 경영 전반에 도입하고 있다. 이는 한 가지 목표나 계획을 정한 후 문제점을 찾아 조정하고 끊임없이 검토해 최종적으로 목표를 달성하는 경영 방법이다.

여기서 조정의 방향은, 대중과 소비자들에게 유익을 가져다줄 수 있느냐를 기준으로 결정해야 한다. 더불어 조직의 능력과, 보유한 자원의 수준을 점검하는 과정도 필요하다. 목표에 당장 도달하지 못했다 해도 괜찮다. 우선 50퍼센트 정도만 달성해도 괜찮은 편이다. PDCA를 끊임없이 거치면서 한 단계씩 올라서다 보면 그 기업만의 독특한 폭과 높이를 보유하게 된다. 유바이크가 세계에서 회전율이 가장 높은 공용자전거 시스템이 될 수 있었던 것 역시 이러한 우회의 과정을 거쳤기 때문이다.

현재 공용자전거 시스템을 운영하는 도시는 700군데에 달한다. 런던 시장 보리스 존슨(Boris Johnson, 현재 영국 외무부 장관-옮긴이)은 "세계의 도시는 공용자전거 시스템을 도입한 도시와 도입을 계획 중인 도시로 나뉜다"고 발언했을 정도다. 그러나 공용자전거 시스템은 이윤을 얻기 위한 사업이 아니기에 세계의 어떤 대형 자전거업체도 경영에 나서지 않는다.

한편으로는 이런 계산도 할 것이다. 만약 사업이 성공적으로 운영되어 모든 사람이 공용자전거를 이용할 수 있게 되면, 그 후에 생산하는 자전거는 누구에게 판매한단 말인가? 만에 하나 사업에 실패하면 문제가 더 커진다. 시민과 정부의 질책이 쏟아질 것이고, 언론은 감당할 수 없을 만큼 비난을 퍼부을 것이다. 본전도 찾지 못하고 만신창이가 되어 철수하는 것 아닐까?

사실 처음에는 자이언트 내부에도 이 사업을 낙관적으로 전망하는 사람이 없었다. 유바이크 민간투자사업의 첫 번째 단계에서, 우리는 타이베이 시로부터 1,200만 위안(약 20억 4,000만 원)을 지원받아 신의(信義) 구에 11개 대여소를 시범 운영했다. 그러나 2년간 운영한 결과 적자만 5,000

여 만 위안(약 85억 원)을 기록하고 말았다. 회사의 이사들은 이 사업을 이어가는 것에 일제히 반대했다.

솔직히 돈을 손해 본 것은 하나도 아깝지 않았다. 그보다는 우리의 노력이 시민들에게 인정받지 못하고 시 정부의 실적으로 남지도 못한다는 사실이 실망스러웠다.

그래서 두 번째에 단계에서는 사전 자문을 진행하기 전에 하오룽빈(郝龍斌) 전 타이페이 시장을 찾아갔다. 계속 적자가 나도 괜찮으니 기존의 계약대로 끝까지 운영하겠다며, 일을 맡은 이상 진지하게 사업을 계속해보고 싶다고 호소했다. 하오룽빈 시장은 자이언트의 열정과 사명감을 인정해주었고, 당시 교통국의 린즈잉(林志盈) 국장을 자이언트 본사로 파견해 협의하도록 했다.

외로운 사업에서 모두의 사업으로

●

시범 사업으로 큰 적자를 보았지만 배운 것도 상당히 많았다. 얼마 후 나는 자이언트 내에서 나와 뜻을 함께하는 직원 여덟 명을 선발해 독립적인 유바이크 사업부를 조직하기로 했다. 이 사업에 투입되는 직원은 기존의 팀에서 나와야 하고, 연봉협상도 다시 해야 했다. 만만치 않은 과정이었다. 하지만 어떤 계획도 실행해 옮기지 않으면 탁상공론에 지나지 않는다. 타이완 속담 중에 '말은 삼태기 한가득한데, 하는 것은 한 숟가락도 되지 않는다(說的滿畚箕, 做的沒有一湯匙)'라는 말이 있다. 직접 해보아야만 무엇이 잘되고 잘못되었는지, 사업의 기회가 어디 있는지 알 수 있다.

이후 사전 자문까지 받은 상황에서도 자이언트 이사회의 반대는 여전했다. 나는 이사장이면서도 외딴 섬이 된 듯 고립감을 느꼈다. 유바이크 사업이 계속 적자를 내던 초반 몇 년간은 특히 그랬다. 다른 부서가 실적으로 표창을 받는 동안 유바이크 사업팀의 동료들은 구석에 멀거니 서서 지켜보기만 해야 했다. 그 광경을 보면서 나도 덩달아 서운한 마음이 들곤 했다. 첫 번째 자전거 일주를 시작하기 전 주변에서 모두 반대할 때 느꼈던 심정과도 같았다.

솔직히 일흔여덟의 나이에 새로운 사업을 직접 이끌어나간다는 것은 나로서도 만만치 않은 부담이었다. 그 나이에 경영에 참여해 사업을 크게 일으키면 젊은 임원들의 기회를 뺏는 격이 될 수도 있었다. 임원들이 자신감에 타격을 입을지도 모를 일이었다. 반대로 내가 실패한다면 회사에 대한 직원들의 신뢰가 떨어질 것이 불 보듯 뻔했다. 할 수도, 안 할 수도 없는 진퇴양난의 상황이었다.

그럼에도 결국 나는 회장인 내가 직접 경영에 나서는 것이 맞다고 결론을 내렸다. 새롭게 개척하는 분야이니만큼 전문 경영인이 일을 맡는다 해도 큰 리스크를 짊어져야 하는 건 마찬가지였다. 또한 그럴 경우 일일이 확인하기 힘든 사전 자문이 너무 많아, 결국 사업이 반신불수가 되어버릴 우려가 컸다. 공용자전거 사업은 기존 팀에서 분립해 처음부터 시작하는 일이었다. 이익과 적자, 성공과 실패에 대한 책임을 모두 스스로 져야 한다고 생각했다.

현재 나는 언제든 회장직을 넘길 준비를 갖추기 위해 노력하고 있다. 사내 개혁위가 한층 높은 궤도에서 운영되는 시점이 오면 자연스럽게 공감대가 형성되고, 그 과정에서 나의 뒤를 이을 새로운 리더가 나올 것이다. 자이언트는 더 이상 새로운 분야를 개척하고 돌다리를 더듬어가며 강을 건너야 하는 초창기 기업이 아니기에 지속적인 경영을 위해서는 함께 결정해나가야 한다.

내가 아직까지 회장 자리를 지키고 있는 이유는 아직도 회사가 앞으로 나아가도록 돕는 추진력을 제공할 수 있기 때문이다. 그러기 위해 지금도 배우고 공부하기를 쉬지 않는다. 만약 회사의 발전을 위해 새로운 리더가 필요하다고 느낀다면 그때가 바로 물러날 때일 것이다.

내가 유바이크 사업을 반드시 추진해야겠다고 결심한 데

는 또 한 가지 특별한 계기가 있었다. 2011년 3월, 스위스 베른(Bern)의 알렉산더 샤파트(Alexander Tschappat) 시장이 외교부 직원과 함께 나를 만나러 왔다. 그는 이렇게 물었다. 타이완의 '자전거 섬'은 세계적으로 유명한데 타이베이는 왜 라이딩 문화가 없느냐고. 나는 기회가 생기는 대로 타이베이의 자전거도로망을 꼭 보완하겠다고 답했다. 그 대답을 계기로 자이언트는 유바이크 민간투자사업을 따내기 위해 적극 뛰어들었다. 그리고 노력의 결과, 타이베이뿐 아니라 다른 많은 지방정부들이 유바이크 사업을 도입하기 위해 발 벗고 나서는 모습을 보게 되었다.

유바이크 사업을 갓 시작해 홍보에 열을 올리던 시기부터, 점차 번영해 오늘에 이르기까지 나는 회의차 타이베이를 방문할 때마다 신의 구 자전거대여소를 찾는다. 그곳에서 교통카드를 찍고 자전거를 빌려 가는 사람들을 말없이 지켜보곤 하는데, 자전거에 올라탄 사람들의 얼굴에 번지는 미소를 볼 때면 늘 가슴이 벅차오른다. 그것은 돈을 아무리 많이 벌어도 느낄 수 없는 성취감이다.

말은 삼태기 한가득한데 하는 것은 한 숟가락도 되지 않는다

說的滿畚箕, 做的沒有一湯匙

말만 많고 실제로 행동은 하지 않는 사람들이 있다. 그런 사람일수록 눈만 높고 실력은 없어, 딱히 이렇다 할 실적을 찾을 수 없다. 경영에서도 현실적인 계획과 집행 능력이 무엇보다 중요하다. 탁상공론은 나라를 망치지만 정책의 집행은 국가를 흥하게 한다.

사이클 경주
경기장이 좁다면 새로운 판을 짜라

14

두 가지 종류의 미래

유바이크가 활성화되면서, 이 사업에 반대했던 이들이 처음 우려했던 것과 반대 현상이 일어났다. 유바이크로 자전거에 재미를 느낀 이용자들이 자이언트 매장을 찾기 시작한 것이다. 스마일바이크와 똑같은 모델을 보여달라고 하는 이들도 많다. 하지만 스마일바이크는 판매용인 아닌 특수 사양의 모델이기에, 아예 더 비싼 고급 모델을 구입하기도 한다. 좀 더 전문적인 자전거로 더 섬세한 즐거움을 느끼고 싶다는 욕심이 생기기 때문이다.

많은 자전거 애호가들이 산악자전거와 로드바이크 등 여

러 종류의 자전거를 동시에 보유하는 상황이니, 시장 수요가 포화 상태에 이를 일은 없다. 실제로 자이언트 북부 지역 매장의 통계를 보면 2013년 판매 실적이 전반적으로 20퍼센트 상승했으며, 특히 단가가 비싼 모델의 판매가 집중적으로 늘었다.

이는 내가 늘 강조하는 '미래가 현재를 결정한다'는 신념이 힘을 발휘한 현장이기도 하다. 기업을 경영할 때 결승점은 오늘이 아닌 내일을 장악하는 자에게 가장 가까이 있다고 나는 믿는다.

'미래'에는 두 가지가 있다. 첫 번째 의미는 흔히 말하는 '대세'다. 모두가 순응하고 습득해야 함을 알고 있는 미래다. 경제학자들이 논의를 종합해 얻은 판단도 여기에 속한다. 대표적으로 중국의 경제 성장을 예로 들 수 있다.

두 번째는 창의력과 노력이 더해져 만드는 미래다. 이 길을 가기로 결정하는 것은 순응하기보다 '흐름을 이끌어가고' 싶기 때문이다. 대세를 기반으로 하되, 미래의 조류에 부합할 자신만의 방법을 더해 적극적으로 변화를 주도하는 것이다.

자전거산업은 역사가 200여 년이 넘은 완전히 성숙한 산업이다. 자전거 제조업체는 점점 늘어나는데 교통수단이 자동차나 기차 등으로 대부분 대체되어 시장의 '파이'가 좀처럼 커지지 않는다. 제품의 공급 과잉 현상이 나타나는 이런 상황에서는 자연히 가격 경쟁이 치열해지고 가격 파괴 현상마저 일어나 시장 질서가 무너지고 만다. 이 난국을 벗어나기 위해서는 당연히 고급화를 돌파구로 삼아야 한다.

고급 시장의 수요를 끌어내려면
●

자전거산업이 위축된 것은 제품에 문제가 있어서일까, 아니면 업계에 종사하는 사람들이 문제인 걸까?

제품이 잘못되었다고 말하자니 자전거는 200여 년 전이나 지금이나 마찬가지로 단순해서, 바퀴와 체인이라는 구성은 달라지지 않는다. 하지만 제품이 크게 변하지 않았다 해서 경영의 방식마저 제자리걸음을 해서는 곤란하다. 제품에는 이상이 없는데 회사가 도산하고 브랜드를 남에게 팔게 된다면, 이는 경기를 탓할 문제가 아니다. 결국 다양한 상품을 개발하고 생산판매 방식을 시대에 맞게 변화시키는 노력이 부족했기 때문이라고밖에 말할 수 없다. 과거와 현재, 미래가 일직선상에 있지 않음을 모르는 것이다.

내가 볼 때 자전거산업은 아직도 발전의 가능성이 무한하다. 현재 중국 시장은 싹이 나는 단계일 뿐이다. 유바이크 역시 타이완 전역에서 갓 성장하기 시작한 사업으로 시장의 크기도, 우리가 할 수 있는 일도 무한하다. 자전거가 도보를 대신하는 교통수단에서 취미 스포츠인 사이클링으로 진화하는 시점이기에, 사업의 기회는 더 폭넓다. 이럴 때야말로 '물속 오리'의 자세로 장기발전 전략을 마련해야 한다.

문제는 고급 시장의 수요를 끌어내는 것이 쉬운 일은 아니라는 점이다. 품질이 뛰어난 자전거를 생산해낼 능력이 있고, 디자인의 트렌드를 주도한다 해도 소비자들과 거리를 좁히는 것은 다른 문제다. 번쩍이는 자전거가 매장 쇼윈도에만 진열되어 있고, 손님들은 그저 구경만 할 뿐 직접 타보거나 접해볼 수 없다면 실제 소비로 이어질 수 없다. 그들에게 자전거의 이미지는 여전히 '어쩔 수 없이 타는 교통수단'에 머물 뿐이다. 나아가 사람들이 자전거를 즐기도록 흥미를 유발하기란 한층 더 까다로운 일이다. '사업가의 마인드'로는 아무리 노력해도 경영의 한계를 극복할 수가 없다.

어장이 마르기 전에 물고기를 길러라

●

모든 전통산업이 그렇듯 자전거업계의 가장 큰 한계는 시장의 수요가 늘어나기 어렵고, 오히려 줄어드는 국면을 맞왔다는 것이다. 시장이 양어장이라면 모두가 어장 가에서 고기를 낚아, 낮은 비용으로 주문을 확보할 생각만 하는 상황이다. 물고기를 직접 길러 소비자층을 키우려는 시도는 아무도 하지 않는다. 하지만 시간이 흐를수록 낚시꾼은 점점 더 많아지고 어장의 물고기는 적어진다. 경영 환경은 갈수록 어려워질 수밖에 없다.

물고기를 잡는 대신 기르는 일에 뛰어들기란 물론 쉽게 내릴 수 있는 결정이 아니다. 기껏 길러놓은 물고기를 다른 낚시꾼들이 모두 낚아 갈 수도 있다. 그러나 아무도 물고기를 키우지 않아 어장이 모두 말라버리고 누구도 물고기를 낚지 못하게 된다면 어떨까? 자이언트 같은 업계의 선두업체들이 가장 큰 타격을 입게 될 것이다.

조사 결과에 따르면 현재 세계의 자전거 인구는 전체의 20퍼센트가 채 되지 않는다. 어장의 물고기를 늘리려면 자전거를 타지 않는 나머지 80퍼센트의 사람들을 어떻게 집 밖으로 이끌 것인지, 어떻게 골프채를 내려놓고 자전거를 타게 만들지를 고민해야 한다. 자전거는 일단 한번 재미를 느끼면 생활의 일부가 된다.

그런 점에서 '어장의 물고기 기르기'는 기업의 책임이자 열정의 근원이라 할 수 있다. 2008년 초, 자이언트가 여성 자전거 브랜드 리브를 출시한 것이 바로 새로운 어장에 물고기를 키우겠다는 시도였다.

남성에 비해 여성들은 자전거를 이용하는 비율이 현저히 떨어진다. 세계 인구의 절반을 차지하는 여성들이 자전거를 타기만 한다면 시장의 수요가 두 배로 증가하리라고 우리는 예측했다. 청바지도 한때는 남성들의 전유물이었지만, 이제는 여성들이 가장 선호하는 아이템이 되지 않았는가. 외출할 때 자전거를 이용하는 여성이 많아지고 그 남자 친구나 남편, 아이들까지 자전거를 함께 타게 된다면 보이지 않는 사이에 시장 수요가 한층 더 확장될 터였다.

원리는 이렇지만 어떻게 여성들이 자전거를 타도록 유도할 수 있을까? 여성이 정말로 필요로 하는 것이 무엇일까? 이러한 질문의 답을 조금 더 고민해볼 필요가 있었다. 여성 시장을 개발하기로 결정한 이상 우표 수집하듯 할 수는 없는 일이었다. 자이언트는 타이베이의 황금 상권에 여성용 자전거 전문 매장 1호점을 열었다. 그리고 여성 전용 자전거와 더불어 의상과 모자, 신발 등 액세서리를 함께 개발했다. 햇볕에 피부가 그을리는 것을 싫어하는 여성들의 심리를 겨냥해 야외활동 전용 기능성 화장품까지 구비했다.

리브는 6년 가까이 되도록 기대에 못 미치는 성적에 머물렀다. 하지만 자이언트는 노력의 방향을 바꾸지 않고 타이중과 가오슝에 이어, 타이완을 넘어선 도쿄와 상하이에까지 여성용 자전거 전문 매장을 개장했다. 고기를 낚지 않고 기르는 시장 전략을 고수한 것이다. 당장의 수요를 충족시키기보다 '새로운 자전거 문화'라는 궁극적 목표를 겨냥한 조치였다.

내가 유바이크와 리브에 그토록 고집스럽게 매달린 것은 그것이 경영의 올바른 방향이라 믿었기 때문이다. 자전거처럼 오래된 산업도 재기의 기회가 있다면, 다른 산업들도 나름의 최적화된 시장을 개척하여 새롭게 도약할 가능성이 분명히 있을 것이다. 사명감과 열정으로 무장한 리더라면, 할 수 있는 일은 비단 자전거 사업뿐만이 아니리라.

모자란 자식이 아버지를 먹여 살린다

歹子賺飼爸

부모의 기대를 받지 못했던 자식이 개과천선하여 훗날 집안의 가장 중요한 기둥이 되는 경우가 적지 않다. 회사에도 실적이 부진하여 별 기대를 모으지 못하는 '버리는 카드'들이 있다. 이들이 결정적인 개선 과정을 거치거나 시장의 수요가 달라지면 중요한 수입원으로 탈바꿈할 수 있음을 기억해야 한다.

라이딩 테크닉
스토리가 생명이다

15

사연이 담긴 상품은 사람을 끌어당긴다

●

2014년 10월, 나는 일본 에히메 현의 초대로 시마나미 해도를 방문해 현지 정부가 개최하는 국제자전거대회에 참가했다. 주최측은 시코쿠와 혼슈를 잇는 고속도로 46킬로미터 구간의 차량을 통제해 자전거 전용도로로 개방했다. 자전거를 타고 세토 내해 다리를 건널 때의 기분은 마치 바다의 수평선 위를 질주하는 것처럼 황홀했다.

대회는 총 31개국에서 7,200여 명의 자전거 동호인들이 참가해 성황리에 치러졌다. 일본에서 전례 없던 큰 규모의 자전거대회를 직접 경험하면서 여러 생각이 들었다.

먼저 2년 반 전 이곳을 달릴 때에 비하면 놀랄 만큼 달라졌다는 사실이다. 그때만 해도 도로가 황량하게 느껴지고 자전거도 별로 없었다. 에히메 현 도키히로 도지사는 현지에 자전거 문화를 전파하기 위해 세 차례나 타이완을 방문해 자이언트의 노하우를 배우고자 했다. 이후 에히메 현은 자전거에 관한 행정 지원이나 행사 제반 계획 등, 모든 일을 일사천리로 진행했다. 한번 하기로 마음먹은 일을 밀어붙이는 그 추진력에 감탄이 절로 나왔다. 덕분에 국제 자전거 업계에서 시마나미 해도의 지명도는 단숨에 치솟았다.

비단 에히메 현뿐만이 아니다. 일본에서 라이딩 문화의 선두주자 격인 도시는 아무래도 히로시마 시일 것이다. 그런데 최근 오노미치(尾道) 시가 바다 인근의 폐창고를 '자전거호텔 U2'로 개조해 새로운 '자전거 관광도시'로 떠오르고 있다. 이 호텔은 사이클을 즐기는 사람들이 묵기 편하도록 호텔 룸 내에 자전거 거치대가 마련되어 있다. 자전거 판매와 쇼핑은 물론이고 다양한 먹거리와 즐길 거리도 함께 제공한다. 내가 그토록 꿈에 그리던 '자전거 옴니서비스'라는 점에서 눈이 번쩍 뜨였다.

만약 이곳이 그저 관광객들에게 숙식을 제공하는, 깔끔하기만 한 호텔이었다면 그렇게 많은 이들의 발길을 모으지 못했을 것이다. '자전거 여행'이라는 스토리를 담는 그릇

의 역할을 했기에, 너도나도 한번쯤은 들르고 싶은 명소로
탄생한 것이다.

이렇게 일본에 새롭게 번지는 자전거 문화에 감탄하는
한편으로, 타이완의 놀라운 발전에도 감회가 새로웠다.
1980년대 초만 해도 일본이 장악하고 있던 자전거산업이
현재는 타이완으로 송두리째 넘어왔으니 말이다. 작은 섬
타이완이 대국들의 자전거 문화를 이끌고 있는 것이다.

일본 자전거산업이 다시 예전의 규모로 일어서기는 힘들
것으로 보인다. 가장 큰 원인은, 일본 내 시장의 규모가 어
느 정도 갖추어져 있어 내수 소비자만 만족시켜도 살아남
을 수 있기 때문이다. 업체들은 재미없는 출퇴근용, 통학용,
장보기용 자전거를 주로 개발한다. 게다가 중국과 베트남
의 저가 자전거와 경쟁이 되지 않으니, 일격에 산업의 기반
이 무너지고 급속히 공동화될 수밖에 없는 것이다. 스토리
와 색깔이 없는 밋밋한 상품으로는 더 큰 성장을 기대할 수
없다.

나는 시마나미 해도를 방문하는 김에 에히메 현 이마바
리(今治) 시에 있는 '이치히로 타월미술관(タオル美術館
ICHIHIRO)'을 찾았다. 평소 기술 혁신에도 인문적 요소를
결합하는 것이 중요하다고 생각하던 터였다. 미술관을 관

람하면서 타월 하나도 사람들의 삶, 인문적 배경과 결합하고 거기에 이야기가 담기면 새로운 생명을 찾게 됨을 실감했다.

이전에 에히메 현의 관원이 선물해준 이마바리 수건이 아니었다면, 나는 수건의 촉감이 그렇게 부드러울 수 있다는 것을 몰랐을 것이다. 피부에 닿는 순간 말로 표현할 수 없는 포근함이 번진다. 지금껏 사용해본 다른 수건과는 비교할 수가 없다. 명품이다 보니 가격은 싸지 않다. 미술관에서 내가 산 것은 할인이 되고도 3,000타이완달러(약 11만 원)가 넘었다.

미술관을 관람하며 알게 된 사실인데, 일본 현지에는 이마바리 수건의 공장 생산라인이 일부만 남아 있어 관광 상품 정도만을 생산한다고 했다. 대부분은 중국 다롄(大連) 등의 공장에서 생산하며, 면은 모두 미국산을 사용한다. 그러면서도 이렇게 수건의 품질을 최상급으로 유지하고, 예술과 생활을 결합한 다양한 콘텐츠로 몇 층이나 되는 미술관을 채우고 있는 것이다. 타월을 쓰고 버리는 생필품으로만 바라보았다면 결코 이런 '예술 작품'의 옷을 입히지 못했을 것이다.

그렇게 생각하면 세상의 다른 모든 업종도 성장의 가능성은 언제나, 어디에나 있다고 할 것이다. 자전거산업이 전성기를 지나 한계에 부딪혔다고 누가 말할 수 있을까?

돈으로 산 충성도는 튼튼하지 않다

●

수건처럼 자전거 또한 세대가 지나도 꾸준히 사용하는 물건이다. 하지만 한편으로 시대의 흐름은 끊임없이 변한다. 그래서 같은 물건이더라도 언제나 그 시대에 맞는 제품이 필요하다. 제품의 경쟁력을 따질 때는 가격이나 정밀도도 필요하지만, 가장 중요한 것은 제품에 담긴 의미와 스토리이다. 그것이 있어야만 제품과 브랜드가 생명력을 가지고 계속해서 발전해나갈 수 있다.

많은 돈을 들여 제품을 화려하게 홍보하거나 인기 연예인을 앞세울 수도 있다. 그럴 경우 어느 정도 반짝 효과를 볼 수는 있겠지만 수익은 결코 소모한 자원에 비례하지 않는다. 게다가 유명한 연예인이 광고를 해서 자이언트 자전거가 잘 팔린다면, 소비자들이 정말 우리 제품을 좋아해서 구매하는 것인지 어떻게 알겠는가. 포스터의 연예인에 혹해서 자이언트 브랜드를 선택한 것인지도 모를 일이다. 브랜드의 성공에 우리의 노력이 어느 정도나 녹아 있는지는 더욱이 판단할 수 없다.

가장 중요한 사실은, 돈으로 산 고객의 충성도는 돈으로 사귄 친구만큼이나 허약하다는 것이다. 지금은 함께 어울리지만 언제 떠날지 모르고, 속마음을 털어놓지도 못한다.

그렇다면 어떻게 해야 브랜드에 의미를 부여하고 스토리를 입힐 수 있을까? 앞에서도 말했듯, 자전거를 아무리 잘 만들어도 매장 쇼윈도에 걸어두기만 하고 소비자들이 직접 경험할 기회를 주지 않는다면 소용이 없다. 내가 가는 곳마다 자전거를 소개하고, 자전거를 타면 얼마나 좋은지 설명한다 한들 사람들은 그저 고개를 끄덕이며 듣는 시늉만 할 것이다. 기껏해야 '저 노인네, 자전거 엄청 좋아하네.' 하고 생각할 게 뻔하다.

'새로운 자전거 문화'란 추상적인 개념이라 구체적인 샘플을 보여줄 수도 없다. 직접 경험해보지 않은 사람은 자전거 타는 행복을 절대 알 수 없다.

그래서 자이언트는 자전거를 이용한 관광 상품을 고안했다. 르웨탄 지역의 고급 자전거 대여 서비스가 대표적인 예다. 이곳에서 사람들은 좋은 자전거를 타고 호수를 돌며 아름다운 풍경을 즐길 수 있다. 전문가가 직접 동행하고 인솔하는 '자이언트여행사'도 마찬가지다. 동호인들이 장거리 라이딩 도중 자전거의 수리나 유지 문제로 종종 불편을 겪는다는 점에 착안해, 업계 최초로 사이클 전문가가 국내외

여행에 동행하는 형식의 여행 상품을 개발한 것이다. 여성 자전거 브랜드 '리브' 역시 자전거 타는 행복을 전파하려는 시도 가운데 하나였다.

현재 타이완의 자전거산업은 수주가 안정적이고 제품의 수출 가격이 계속해서 상승하는 등 경영 상황이 나쁘지 않다. 그러나 앞으로는 어떨까? 수주량만으로는 절대 부족하다. 산업 전반이든 개별 브랜드든, 의미와 이야기가 담겨야 한다. 여기에 더해, 소비자의 시각에서 바라보아 사용자들 눈에 제품이 어떻게 비칠까를 검토해야 한다.

지속적으로 발전하는 브랜드를 만들기 위한 또 한 가지 핵심적인 요소는 바로 연구개발(R&D)이다. 연구개발 분야는 투자의 효과가 즉시 나타나지 않는다. 자이언트를 예로 들면, 아무리 뛰어난 스펙을 자랑하는 직원이더라도 연구개발 부서에 들어가면 5년 동안은 이렇다 할 성과를 거의 내지 못한다. 적어도 10년 이상 경력이 쌓여야 시장과 업계를 깊이 이해하고 제대로 된 제품을 개발해낸다.

'할도자미(割稻仔尾)'라는 말이 있다. 타이완의 사자성어로, 해석하자면 '다른 사람이 벼를 다 거두어들인 논에 들어가 남은 자잘한 알곡을 줍는다'는 뜻이다. 자이언트가 사업 기회를 할도자미하거나 시장을 손쉽게 따라가지 않은 것은, 해서는 안 되는 일이라 생각했기 때문이다.

그래서 우리는 우리에게 맞는 하나뿐인 길을 묵묵히 걸었다. 어려운 길일지도 모르지만 쉽고 편한 길이 우리를 정확한 목적지로 안내하는 경우는 좀처럼 드물기 때문이다.

죽은 방망이로 죽은 바퀴벌레 잡기

死搥釘死蟑螂

바퀴벌레를 때려잡고도 같은 방망이로 죽은 바퀴벌레를 계속 때린다. 일을 할 때도 융통성을 모르고 과거의 성공 경험만을 고집하는 사람들이 있다. 배우기를 멈추고 새로운 것에 적응하지 못한다면 '꼰대'가 되고 만다.

자전거 정비
젊음은 누리는 것이 아니라 배우는 것

이왕이면 '젊은 노인'이 되라

나는 자전거 일주를 하면서, 반평생 자전거 사업에 몸담고 있으면서도 몰랐던 '라이딩의 즐거움'을 알게 되었다.

'자동차는 너무 빠르고, 걷는 것은 너무 느리고, 자전거를 타야 삶의 아름다운 장면을 포착할 수 있다.'

이것이야 말로 내가 사람들과 가장 나누고 싶은 체험이다.

자전거를 타면서부터 몸이 눈에 띄게 건강해졌고, 유전과 노화로 생긴 지병들이 약 없이 완치되었으며, 삶 자체가 더 활기차게 변했다. 무엇보다 신기한 것은, 새로운 것들을 열린 마음으로 적극 시도하게 되었다는 사실이다. 그러다 보니 함께 자전거를 타는 젊은 친구들이 어느 순간 나를 '뱌오 형님'이라 부르며 친근함을 표현하기 시작했다. 그들에게 나는 근엄하고 부담스러운 '리우 회장'이 아니다.

자전거를 타면서 나의 원래 생활 영역에서는 사귈 수 없는 새로운 친구들을 많이 만나게 되었고 자연히 활동 범위와 인간관계도 넓어졌다. '젊음'을 배우기 시작한 것이다. 라인(Line) 메신저를 사용하고, 귀여운 이모티콘을 교환하는 방법을 배우는가 하면, 자이언트그룹 연말 종무식 파티 때는 아이돌 그룹 소타록(蘇打綠)의 인기곡 〈주이주이주이(追追追)〉를 직접 부르기도 했다.

내가 젊어지니 회사까지 함께 젊어졌다. 장담컨대, 운동을 하면 인생관이 바뀐다는 것은 사실이다. 이전의 나는 자전거로 출근하는 것은 생각도 하지 않았다. 타이중에 있는 집에서 회사까지 가까운 거리도 차를 타고 다녔다. 가는 내내 계속 하품하고 졸다가 사무실에 들어설 때는 이사장의 엄숙한 표정을 지었다. 사람들과 편하게 농담을 하지도 않았다. 사교 모임은 되도록 피하고, 젊은 직원들과 교제하거나 소통하는 건 나와 상관없는 일이라 여겼다. 한마디로 자기방어 기제가 너무 강해 주변에서 쉽게 접근하기 힘든 사람이었다. 지금처럼 젊은 직원들과 라인 메신저로 대화를 나누고 '리우 회장님'보다는 '뱌오 형님'이라 불리기를 좋아하는 모습을 어떻게 상상이나 했겠는가.

자전거를 타면서 나는 '새로운 나'를 발견했다. 첫 번째 자전거 일주에 성공하면서 '나는 늙었다', '나이 든 사람들이 으레 앓는 병은 나도 피할 수 없다.' 같은 생각은 모두 던져버렸다. '새로운 나'는 끊임없이 새로운 것을 배우고 도전을 즐긴다. 회사의 분위기도 한층 밝아졌고 직원들의 사기도 크게 높아졌다. 예전과 달리 사무실에 들어서면, 직원들이 먼저 다가와 말을 걸고 교제를 청한다.

내가 사이클복을 갖춰 입고 고급 로드바이크를 타는 모습이 눈에 띄어서인지, 주말에 자전거를 타러 나가면 나를 알아보는 사람들이 꽤 많다. 나 역시 사람들의 시선이 더 이상 불편하지 않고 한편으론 즐겁기도 하다.

한번은 자전거를 타고 지나가는데 룽민(榮民) 종합병원의 의사 두 명과 마주쳤다. 그들도 마찬가지로 자전거를 타고 가던 중이었는데 내가 자이언트 회장임을 알아보고는 사인을 부탁했다. 그런데 하필 우리 모두 쓸 것이 없어서 나는 "펜이 없네요." 한마디를 던지고 다시 페달을 밟았다. 지금 생각해보면 근처 편의점에서라도 펜을 사다가 사인을 해줄 수도 있었을 텐데, 좀 더 친절하게 대하지 못한 것이 내내 마음에 걸렸다.

그 후로 자전거를 타고 외출을 할 때는 꼭 유성 펜을 챙기는 습관이 생겼다. 이제는 누구라도 사인을 부탁하면 바로 해줄 수 있고, 인사를 건네는 사람들에게는 기꺼이 손을 흔들거나 감사를 표한다. 길 가던 사람들이 같이 사진을 찍자고 청하면 귀여운 포즈로 응하는 것은 기본이다.

소비자들과 '친구의 언어'로 소통하라

●

넉살이 좋아 누구에게든 먼저 다가가는 사람이 있는가 하면, 인사를 건네는 것조차 불편해하는 내성적인 사람도 있다. 타고난 성격이 어떻든 간에 소통을 하려는 노력은 중요하다. 소통을 해야만 자신을 알릴 수 있고 내가 무슨 생각을 하는지, 능력은 얼마나 되는지도 표현할 수 있다.

요즘 나는 이런 말을 종종 한다.

"나는 늙은 적이 없다."

문법적으로나 상식적으로 말이 되지 않는다. 여든 살 노인이 어떻게 늙지 않을 수 있겠는가? 그러나 나보다 훨씬 어린 젊은이들과 소통하는 법, 거리를 좁히는 법을 끊임없이 배우고 있기에 나는 늙은 적이 없다.

특히 이 나이가 되도록 매주 세 번 이상, 한 번에 30킬로미터 이상 자전거를 타는 '1330' 법칙을 꾸준히 지키고 있다. 이렇게 오랜 기간 지속하다 보니 체력과 기술이 모두 크게 향상되었다. 아마 쉬엄쉬엄 타다 말다 했다면 나도 지금쯤 보통 노인과 다를 바 없었을 것이다

젊은이들은 예의범절 때문에 어른을 존중하면서도 한편으로 자신과는 전혀 어울릴 수 없는 부류로 제쳐두곤 한다. 나는 결코 그런 존재가 되고 싶지는 않다. 함께 자전거를 타는 젊은 친구들이 낭랑한 목소리로 '뱌오 형님'이라 불러주면 괜한 말치레 같으면서도, 격의 없는 느낌에 절로 흐뭇해지는 걸 숨길 수 없다.

기업도 젊은 감각을 유지하려면 '귀를 기울이는 자세'가 무엇보다 중요하다. 자신이 소비자들보다 더 깨어 있다고 착각하고 일방적으로 메시지를 던지려 해서는 결코 거리를 좁힐 수 없다. 브랜드가 소비자들의 마음을 열고, 그들 안으로 파고들어 함께 어울리기를 원하는가? 그렇다면 또래 친구들처럼, 그들과 같은 언어로 소통하는 방법을 매순간 배워야 할 것이다.

넘어짐을 두려워하지 않는 것이 '젊음'이다

●

내가 처음 자전거를 탈 때 반대한 것은 젊은이들이 아니

라 오히려 나와 나이가 비슷한 일흔 남짓의 친구들이었다. 동년배 친구들과 세대 차이가 오히려 더 크다니 참 재미있는 일이다. 나이 든 친구들은 하나같이 '이 나이에 자전거를 혼자 타다가 큰일 난다'며 안전을 염려했다. 걱정해주는 마음은 고맙지만 어떤 일을 할 때 넘어질 것을 걱정하고 두려워하기만 한다면 아무것도 할 수가 없다.

의외의 상황은 누구에게든, 얼마든 일어날 수 있다. 실제로 나도 자전거를 타다가 예기치 못한 사고를 당한 적이 몇 번 있다.

첫 번째 사고는 자전거 일주 중, 자이(嘉義) 시가지의 어느 사거리를 지나다가 일어났다. 신호등이 녹색 불로 바뀌어 제일 먼저 앞으로 달려 나갔는데 신호가 너무 짧았던 탓에, 안쪽에서 빨간 불에 건너던 소형 버스와 부딪히고 말았다. 나는 자전거와 함께 넘어지면서 손과 무릎이 까지고 피가 꽤 많이 나는 부상을 입었다.

두 번째 사고가 난 건, 두 번째 일주 이틀째 되는 날이었다. 타이완 중부 통샤오(通霄) 지역의 옌창(鹽廠) 휴게소 앞을 지나고 있었는데, 다음 구간을 함께 달리기 위해 준비하던 자이언트 직원이 눈에 들어왔다. 나는 자전거를 탄 채로 손을 들어 인사하다가 과속방지턱을 보지 못해 미끄러지고 말았다. 그 바람에 모두가 넘어졌고 내 팔에는 긴 흉터까지

남았다.

지나고 보니 사고는 모두 나의 부주의 때문에 일어난 것이었다. 선두 그룹을 따라 순서대로 출발해야 하는 규칙을 지키지 않았고, 종착점이 보인다고 방심해 덜렁거리다 노면에 주의를 기울이지 못했다.

이런 의외의 사고가 조금도 겁나지 않았다면 거짓말일 것이다. 나이가 들면 몸이 젊은이들 같지 않게 마련이니 말이다. 주변 사람들은 일주를 잠시 중단하거나 검사를 받고 치료한 후에 다시 생각해보라고 권했지만, 나는 상처를 처치하고 얼음찜질을 한 다음 바로 일주를 계속하기로 결정했다.

작은 상처 때문에 넘어지는 것을 두려워하고 계획했던 일정과 목표를 포기한다면 그게 무슨 라이더라 할 수 있겠는가?

사람뿐만이 아니라 회사나 경영도 마찬가지다. 조직이 젊다는 건 그 회사의 연혁과는 상관없는 이야기다. 넘어질 것을 두려워하지 않고 끊임없이 새로운 비전과 도전을 찾아 나설 때 젊은 회사, 젊은 경영이라 할 수 있다. 지금껏 쌓아온 회사의 이미지나 명성에 흠이 될까 두려워서 그저 가장 잘한다고 믿는 일, 남들이 인정해주는 분야만을 맴돈다면 그 조직은 이미 '뒷방 늙은이'와 다르지 않다. 거침없이 달리고, 상처를 입고도 다시 뛰는 젊은 조직에게 조만간 자리를 내주게 될 것이다.

소는 쟁기 없이 밭 갈기를 두려워하지 않는다

甘願做牛, 免驚無犁通拖

팔을 걷어붙이고 뛰어들 생각만 있다면, 어떤 상황이든 걱정할 필요가 없다. 최선의 노력을 다하는 사람에게는 늘 길이 열린다. 기업을 경영할 때도 실천은 성공으로 가는 유일한 길이다. 그래야만 지속적인 경영, 지속적인 성공이 가능하다.

라이딩의 마무리
꿈이 있는 라이더는 멈추지 않는다

꿈이 싹트고 열매를 맺기까지

영화 〈연습곡〉은 나의 인생을 크게 바꾸어놓았다. 그러나 이 영화를 본 모든 사람들이 나처럼 자전거 일주에 뛰어들고, 새로운 자신을 발견하는 건 아닐 것이다.

왜 이런 차이가 생기는 걸까?

나는 '내게는 꿈이 있었기 때문'이라고 답하고 싶다. "지금 하지 않으면 평생 못해"라는 대사가 내 꿈을 건드렸고, 내 등을 떠밀어 거리로 나서게 만든 것이다.

대외적으로는 자전거 일주가 10년 넘게 간직해온 꿈이었다고 이야기하지만, 사실 이 꿈이 처음 마음에 싹튼 건 30

년도 넘은 이야기다.

나는 1985년 중화민국 사이클협회 이사장을 맡게 되었다. 제조업에 종사하다가 전혀 생소한 스포츠 분야에 발을 담그게 된 것이다. 총회에 참석해보니 익숙한 얼굴의 타이완 사이클 선수 몇 명이 보였다. 자이언트라는 회사 이름으로 프로선수를 키울 생각도 잠시 했으나 나 혼자 힘으로 당장 감당하기는 힘들 것 같았다. 그래서 일단은 국제 사이클대회를 개최해 분위기를 조성하는 것부터 시작하기로 했다. 이에 따라 1988년부터 '투르 드 타이완(Tour de Taiwan)'을 개최하게 되었다.

하겠다고 결심한 일이니 최선은 다하겠지만 자이언트는 사이클 경기에 문외한이나 마찬가지였다. 공식 국제대회를 개최해본 경험은 더더군다나 없었다.

막막한 심정이었던 나는 자이언트 유럽 지사를 통해, 100년 가까운 전통을 자랑하는 '투르 드 프랑스'를 답사하러 갔다. 코치와 같은 차에 타고 설명을 들으며 경기를 관람하고 나니, 그제야 대략적인 개념이 잡히는 듯했다.

가장 어려운 것은 곳곳을 다니며 선수를 찾고 영입하는 일이었다. 그래서 자이언트는 '자이언트 스포츠기금(2000년 '새로운 자전거문화기금'으로 개명)'을 설립해 선수를 육성하고 해외 원정 경기 참가 등을 협찬했다.

사이클 경기와는 별도로 당시 타이완 자전거 문화의 가장 큰 문제는, 사람들이 등하교나 장보기 외의 용도로는 자전거를 거의 타지 않는다는 점이었다. 에이서그룹의 스전룽 회장은 산업선진화에 중점을 두고 타이완을 '과학기술섬'으로 만들어 타이완 제품을 전 세계로 진출시키자고 제안했다. 반면 나는 과학기술의 한편에는 국민 건강과 직결되는 레저 스포츠가 뒷받침되어야 한다고 주장했다. 체력이 있어야 경제 성장에 매진할 수도 있다는 뜻이었다. 그런 측면에서 '과학기술 섬'과 상호 보완할 수 있는 '자전거 섬'을 만들 것을 제안했다.

바보 같은 꿈으로 진심을 전하다

북유럽이나 네덜란드와 달리 타이완에서 자전거는 교통 법규의 보호와 규제를 받지 않는다. 때문에 나의 '자전거 섬' 구상을 듣고 많은 사람들이 "리우 회장, 입심이 체력보다 세구먼!" 하며 비웃었다. 리덩후이(李登輝) 전 총통은 자이언트사에 와서 참관을 하고 자세한 논의를 들은 후에 이렇게 물었다.

"리우 회장님 생각에는 저도 동의를 합니다. 그런데 자전거는 어디서 탑니까?"

안 그래도 혼잡한 시가지에 자전거 전용도로를 설치하자고 설득하는 것은 물론 조심스러운 일이었다. 각 현의 시정부를 한 번에 설득하지는 못하지만, 강변 공원 등 시설이 갖추어진 기존 장소부터 먼저 시작하면 되지 않겠는가. 자이언트가 나서서 대여소와 자전거, AS 서비스 등을 제공하자 타이둥, 화롄(花蓮) 등 지방정부들도 뒤따라 자전거도로를 건설하기 시작했다. 첫 번째 자전거 일주를 떠날 당시 타이완 전역의 자전거도로가 이미 1,200여 킬로미터를 넘었으니, 모두 연결하면 타이완을 한 바퀴 돌 수 있는 길이었다.

새로운 자전거 문화를 일구겠다는 나의 꿈은 지금까지도 계속되고 있다. 2014년, 두 번째 자전거 일주 도중 타이둥 츠상(池上)에 도착한 날이었다. 저녁 만찬 자리에 참석했는데 미국의 대형 자전거업체 트렉(TREK) 측에서, 존 버크(John Burke) 회장이 나의 생일을 미리 축하한다며 보내온 선물을 전달해주었다. 내가 태어난 1934년 투르 드 프랑스의 경기 지도를 담은 정교한 배접(그림을 잘 보존하기 위해 그림 뒤에 종이나 헝겊을 여러 겹 포개어 붙이는 일-옮긴이) 작품이었다. 마음 써서 골라준 귀한 선물이 무척이나 소중하고 또 놀라웠다. 바다를 사이에 두고 떨어져 있는 외국 친구가 수년간 간직해온 나의 꿈을 공감해주었으니, 말보다 마음이 통한 것이다.

언젠가 도키히로 도지사와 대화를 나누었을 때도 비슷한 경험을 한 적이 있다. 불과 한 달 후면 차기 도지사 선거가 있는데 그는 일정대로 유세를 거의 다니지 않는다고 말했다.

"유권자들이 내 신념과 공약에 공감한다면, 자연스럽게 나를 뽑아주지 않겠습니까? 평소에는 도민들을 만나지 않던 사람들이 선거가 다가오면 그제야 급하게 찾아다니면서 표를 구걸하는데, 그래서는 안 될 일이죠."

나는 그의 생각을 전적으로 이해하며 100퍼센트 공감한다고 답했다. 나 역시 비슷한 심정이었기 때문이다. 사람들에게 자이언트 자전거를 구입해달라고 청하는 게 아니라, 그저 자전거를 타고 내 꿈에 공감해주기를 장려했으니 말이다. 어찌 보면 바보 같다고 해야 할지도 모를 일이다.

이런 방법은 처음에는 효과를 보기 힘들지만 시간이 지날수록 기대 이상의 공감을 얻는다. 자전거 일주를 하면서 길을 달리노라면, 생전 처음 만나는 사람들이 길가에 줄지어 서서 '뱌오 형님, 사랑합니다!'라고 적은 종이판을 들고 흔든다. "뱌오 형님, 파이팅!"을 외치며 나를 응원해주는 사람들, 우리 팀과 함께 따라서 달려주는 시민들도 있다. 내가 꿈조차 꾸지 못했던 꿈이 이루어지는 순간이다.

최고의 자전거를 경험할 수 있는 곳으로

●

자이언트 창업 당시 타이완 내에는 시장이 없어, 수출 시장을 공략할 수밖에 없었다. 그렇게 해외에 직영 판매점을 세운 것이 오히려 자이언트의 성장 동력이 되었다. 지금도 내수시장의 비율은 회사 전체 매출의 극히 일부밖에 되지 않는다. 2013년의 경우 자이언트 자전거 생산량 630만 대 가운데 타이완 시장에서 올린 매출액은 4퍼센트 정도에 그쳤다. 자이언트의 주요 시장은 중국, 북미, 유럽 시장으로 판매량의 비중이 각각 27퍼센트, 25퍼센트, 22퍼센트로 나타났다.

나는 젊은이들에게 타이완은 섬나라이기 때문에 내수시장으로는 한계가 있으니, 규모가 어느 정도 있는 회사라면 해외시장을 염두에 두어야 한다고 권고한다. 자이언트가 내수시장만 바라보았다면 아마도 오래전에 무참히 사라졌을 것이다.

나는 타이완 시장을 사람이 뛰어들면 물이 넘치는 욕조에 비유한다. 그에 비하면 세계 시장은 아무리 많은 사람이 뛰어들어도 잠잠한 태평양과 같다. 인구가 많으면 국가 경제의 깊이와 넓이가 충분하지만, 타이완은 섬나라인지라 경제의 규모에 한계가 있다. 작은 나라와 자기 자신에게만 시선을 두면 결코 성장할 수 없다.

2008년 말 발생한 금융 쓰나미 이후 미국이 이끄는 양적 완화(QE, Quantitative Easing, 자국의 통화가치를 하락시켜 수출 경쟁력을 높이는 정책-옮긴이) 통화정책의 영향으로, 시장에 많은 자금이 유통되었다. 이에 따라 세계적으로 자금이 넘쳐나 각국에서 은행 저금리 현상이 보편화되는 유례 없는 사태가 일어났다. 은행에 저축해둔 자금을 찾아 투자를 하거나, 부동산 투기에 뛰어드는 사람도 적지 않았다. 청년들까지 성실한 가치관을 버리고 '노력 없는 성과'만을 좇는 현상이 아직도 이어지고 있다.

그러나 장기적인 안목으로 생각하면 이것은 결코 정상적인 상태가 아니다. 더욱이 타이완은 특수한 정치 및 언론 환경 때문에 오랫동안 '우물 안 개구리'로 살아왔다. 코앞의 이윤만 좇는 좁은 시야로 어떻게 국제적인 수준의 식견을 갖추고, 해외시장을 개척할 수 있겠는가?

중국 CCTV 방송국에서 제작한 다큐멘터리 〈대국굴기(大國崛起, 아홉 개 나라의 전성기와 그 발전 과정을 다룬 역사 다큐멘터리-옮긴이)〉는 중국 대륙의 눈부신 발전이 한때임을 잘 보여준다. 스페인 또한 세계 제일의 해양 강국이었지만 지금은 유럽에서 채무 위기의 중심에 처한 나라로 전락해버렸다.

전 세계를 호령하던 강대국들도 시대의 흐름을 읽지 못하면 순식간에 뒤처지고, 찬란한 업적은 잊히고 만다. 타이완은 큰 약점이 없는 나라라고는 해도, 아직 세계 각국에서 배울 것이 너무도 많다. 특히 금융시장의 성숙도나 과학기술 혁신 분야에서 타이완은 유럽과 미국에 뒤처져 있다. 중국마저 고속철도 기술을 해외로 수출할 수 있게 된 마당에 타이완은 어떤 산업으로 세계를 이끌어갈 수 있을지 반성해볼 필요가 있다.

나에게는 꿈이 있다. 타이완 자전거산업이 세계를 선도하는 데서 더 나아가, 전 세계 사람들이 타이완에 와서 '가장 좋은 자전거'를 체험하도록 하는 것이다. 전 세계 자전거 애호가들이 가장 동경하는 '자전거 낙원'을 건설하는 것이 바로 나의 꿈이다. 너무 거창하다고 사람들은 고개를 저을지 모르지만, 나는 '새로운 자전거 문화'를 전파함으로써 이 목표를 이룰 수 있으리라 믿는다. 멈춰 서지 않고 한걸음씩 계속 나아가며 행동할 때 그곳에 도달하리라 확신한다.

날이 저물면 길 끝까지 가지만 날이 밝으면 반보도 가지 않는다

歸暝全頭路, 天光沒半步

잠들기 전에는 머릿속에 온갖 아이디어가 떠오르지만, 일어나면 의지가 약해져 흐지부지 실천하지 못하게 된다. 따라서 어떤 결과를 얻느냐보다, 목표를 정하고 그 목표를 달성해가는 과정이 훨씬 중요하다.

자전거로 연결된 두 사람, 두 나라

〈비즈니스 위클리〉 여우쯔옌(龍子彦)기자 (이하, 'Q')＿ 타이베이에서 타이완 동부 이란까지, 자전거로 베이이 고속도로를 달렸다고 들었다.

도키히로 도지사(이하, 'A')＿ 그렇다. 자이언트 CEO 토니 로와 함께했다. 지금 한 번 더 하라면 안 할 거다(웃음).

Q＿ 자이언트의 리우 회장을 알게 된 과정이 궁금하다. 어떻게 인연이 시작되었나?

A＿ 3년 반 전, 도지사에 갓 당선되었을 때다. 시코쿠와 혼슈 사이의 섬 여섯 개를 연결하는 '시마나미 해도' 자전거도로를 활용하고 세계에 홍보하는 정책을 내놓고 싶었다. 처음에는 깊이 생각하지 않고 그냥 세계 제1의 자전거 제조업체와 같이하는 게 가장 빠른 길이 아닐까 했다. 알아보니 이 업계에서는 자이언트가 1위 기업이었다. 그래서 2011년 말에 타이완을 방문해 타이베이 온천 시즌에 맞춰 도시 교류

228

행사를 추진하고, 타이중으로 건너가 리우 회장님을 만났다. 당시 회장님이 어떤 인물인지 몰랐지만 만남 이후, 자전거에 대한 내 생각이 완전히 바뀌었다.

Q— 가장 크게 달라진 점이 있다면?
A— 일본에서 자전거는 출퇴근이나 등하교를 하고 물건을 실어 나르는 교통수단이다. 그런데 리우 회장님은 자전거를 통해서 세 가지 이득을 얻을 수 있다고 하셨다. 건강, 삶의 의미, 그리고 다른 이들과 함께하는 즐거움. 이것이 바로 새로운 자전거 문화에 담긴 의미라는 것을 배웠다. 내게는 큰 충격이었다.
나는 시마나미 해도 관광을 진흥할 방안만 생각하고 있었는데 리우 회장님은 그렇지 않았다. 자이언트에게 자전거가 팔릴 것인가는 부차적인 문제였고, 자전거를 통해 모든 사람에게 행복을 주는 것이 사명이었다. 나 자신이 매우 부끄러웠다. 약속 시간을 한 시간으로 잡았는데, 이야기를 나누다 보니 네 시간이 흘렀다. 가장 기억에 남는 것은 '새로운 자전거 문화'에 대한 회장님의 기본적인 생각이다.
리우 회장님은 세계의 자전거 전도사가 될 것이라고 하셨다. 지금 나의 목표는 일본의 자전거 전도사가 되는 것이다.

Q 그전에 사이클을 접해보지 않았나?

A 한 번밖에 해보지 않았다. 회장님이 대화 후에 시승용 자전거를 한 대 보내주셨다. 자전거가 예전에 비해 지금 얼마나 달라졌는지 느껴보라는 거였다. 그게 바로 내 첫 번째 자전거다.

잊을 수 없는 일이 또 하나 있다.

리우 회장님을 찾아뵈었을 때 6개월 후 홋카이도(北海道)로 라이딩을 갈 계획을 이미 하고 계셨다. 내가 가능하시다면 여정을 바꾸어 시마나미 해도에서 라이딩을 한번 하실 수 없겠느냐고 말씀드렸다. 회장님은 '도지사가 함께 달려준다면 꼭 가겠다'라고 답하셨고, 반년 후(2012년 5월) 정말 시마나미 해도로 라이딩을 하러 오셨다.

그뿐 아니라 오기 전에 에히메 현에 큰 선물도 보내주셨다. 이마바리 시에 자이언트 직영점을 개장한 것이다. 고급자전거 조립 서비스도 제공하는 매장이었다. 자이언트가 일본 지역에 매장을 낸 것은 이마바리가 처음이라고 한다. 회장님의 결단력에 정말 깜짝 놀랐다.

Q 처음 리우 회장과 라이딩을 할 때 얼마나 달렸나?

A 시마나미 해도에 오셨을 때 회장님을 모시고 마쓰야마

(松山) 시에서 이마바리 시까지 40킬로미터를 달리고, 다음 날 약 70킬로미터를 또 달렸다. 회장님은 나흘 동안 260킬로미터를 라이딩하셨는데, 나는 120킬로미터 정도만 함께 했다. 매우 즐거운 경험이었다. 자전거 전도사가 되리라는 생각을 한 것도 바로 그때다.

같은 해 9월, 회장님이 나를 타이완의 르웨탄 호반도로 라이딩에 다시 한 번 초대했다. 르웨탄에 가기 전에 회장님이 다치셔서 라이딩을 할 수 없다는 이야기를 들었는데 끝까지 책임지고 나와 함께 호수를 돌아주셨다.

Q — 배드민턴이나 마라톤도 해보았다고 들었는데, 사이클은 어떤 점이 다른가?

A — 자전거는 마라톤과 비슷한 점이 아주 많다. 둘 다 몸이 건강해지고 삶의 의미를 추구하게 된다. 좋은 친구를 사귈 수 있는 점도 그렇다. 그래도 비교하자면 자전거가 몸에 무리가 덜 가고, 이동 거리도 더 길어 나에게는 더 매력적이다.

Q — 리우 회장이 오지 않았다면 에히메 현이 '세토우치 시마나미 해도 국제 사이클대회'를 개최하는 일도 없었을까?

A — 그렇다. 내가 리우 회장님을 만나지 않았다면, 또 회장

님이 시마나미 해도를 직접 라이딩한 이야기를 일본 언론에 열심히 홍보해주시지 않았다면, 나 역시 국제적인 자전거 행사를 치르겠다고 마음먹지 못했을 것이다. 이 행사는 일본 최초로 개최된 대규모 자전거 행사이기도 하다.

시마나미 해도는 에히메뿐만 아니라 히로시마까지 이어지기 때문에 국제적인 자전거 행사를 개최하기 위해서는 두 지역이 협력해야 했다. 예를 들면 자동차 운전자들에게 자전거도로를 사이클 주자들과 공유해야 한다는 걸 알려야 하는데, 이를 위해 자전거도로에 파란 선으로 일일이 표시해야 한다. 또 휴게소마다 전문가용 자전거를 세워둘 수 있는 전용 자전거 거치대를 증설하는 등, 라이딩에 필요한 인프라를 확충해야 했다. 이 밖에 자전거 통행료 문제도 있었다. 원래는 자전거가 시마나미 해도를 지날 때 통행료를 받았는데 관계 부처와 조율 후 올해 7월부터 전 구간에서 자전거의 통행료 면제를 실시하고 있다. 일본 국내에서도 아주 혁신적인 조치다.

Q_ 세토 고속도로 통행을 통제해 대규모 자전거 행사를 치를 생각은 어떻게 하게 되었나?

A_ 넓고 경치가 아름다운 고가다리에서 자전거를 타면 바

다 위를 달리는 것처럼 상쾌한 기분을 즐길 수 있을 것이라
는 생각에 고속도로 통행을 제한할 생각을 하게 되었다. 일
본 최초로 고속도로에서 열리는 자전거 행사여서 쉬운 일은
아니었지만, 시마나미 해도를 세계에 알리고 지역 경제를
살린다는 나의 취지와 맞았다.

자전거 문화를 전파하는 데는 뒤늦게 뛰어들었지만, 에히메
는 현재 가장 대표적인 지역이 되었다. 올해 6월 미국 CNN
이 시마나미 해도를 '세계에서 가장 아름다운 7대 자전거도
로'로 선정하면서 이제는 일본의 다른 지역 단체들까지 답
사를 온다. 그러나 내가 느끼기에는 자전거를 관광객 유치
를 위한 행사 수단으로만 여기는 것 같다. 물론 나도 처음에
는 그랬다. 리우 회장님을 알게 되면서 생각이 바뀐 것이다.

Q— 자전거 전도사로서 앞으로 어떻게 사이클 문화를 전파
해나갈 계획인가?

A— 2년여 전에 사이클을 시작하면서 직원들에게도 함께
하기를 권했다. 그 후 에히메 현에 속한 스무 개 시와 정(町)
도지사, 현(縣) 의원들에게, 올해는 각 기업 사장들에게 자
전거를 전파하고 있다. 고위급 인사들이 라이딩을 하면 언
론의 이슈가 될 것이고, 이렇게 많은 나이에도 자전거를 탈

수 있다는 걸 보면서 사람들의 고정관념도 바뀌리라 생각한다. 자전거를 더 접해보고 싶다는 생각이 들지 않을까.

나의 '반 강제적인' 전파에 모두 뜨거운 반응을 보이고 있다 (웃음). 내가 자전거에 그렇게 빠져드는 걸 보고 집사람도 자전거를 한 대 장만했다. 차에 자전거 휴대용 거치대까지 달아서 주말에 시간이 나면 함께 라이딩을 다닌다.

그 밖에도 나는 모든 시, 정 도지사들에게 올해 안에 반드시 자전거 관련 행사를 개최할 것을 요구했다. 나도 힘닿는 대로 참여할 것이다. 지난주에 참가한 20킬로미터 라이딩은 오르막이 1,000미터나 이어지는 도전적인 코스였다. 나의 최종 목표는 에히메 현을 일본 내 새로운 자전거 문화의 발원지로 삼는 것이다. 더불어 시마나미 해도를 자전거 동호인들이 가장 가고 싶어 하는 '자전거 메카'로 만들고 싶다.

에히메 현에 다양한 관련 인프라도 계속해서 구축할 것이다. 앞으로 3년간의 목표는 '파란 선' 표시가 있는 도로를 현재 100여 킬로미터에서 1,400킬로미터로 확충하는 것이다. 에히메 현을 일본 최초로 현 전역에 자전거 전용도로를 갖춘 지역으로 만들고자 한다. 마이크로소프트 재팬(microsoft Japan Co., Ltd.)과도 협력 중인데, 공익활동 지원 방식으로 현 내 '자전거 라이딩 명소' 26곳을 소개하는 동영

상 사이트 '이마바리 바이크로드'를 제공하고 있다. 또한 자전거와 철도 여행을 결합한 '자전거열차 사업'도 협상 중이다. 모두 일본에서는 지금껏 하지 않았던 시도로, 내가 타이완에서 직접 보고 참고한 것이다.

타이완과 관련된 재미있는 이야기가 하나 더 있다.

에히메 현 현청 소재지는 마쓰야마 시인데, 타이베이 시에도 쑹산(松山, 마쓰야마와 한자어 표기가 같다-옮긴이)이 있다. 그리고 두 도시 모두 공항이 있다. 2013년 10월, 나는 과거 마쓰야마 시장 시절부터 품었던 꿈을 한 가지 이루었다. 바로 8년 동안 추진한 '마쓰야마-쑹산' 사업이다. 세계에서 유일한, 같은 이름의 두 공항에서 전세기가 서로를 향해 비행하는 것이다. 이 사업을 성사시키기 위해 타이완의 관련 부처를 수차례 방문했다. 교통부 민항국 직원이 이렇게 말한 적도 있다. "시장님은 거북이처럼 한 번 물면 놓지를 않으시는군요." 새로운 자전거 문화를 전파하는 것 역시 마찬가지다. 목표를 붙잡고 끝까지 놓지 않을 것이다.

Q__ 공개 석상에서 리우 회장을 '타이완의 아버지'라 표현했다. 그분과의 관계를 부자지간으로 표현한 이유는?

A__ 실제로 회장님의 영향을 정말 많이 받았다. 회장님을

처음 뵈었을 때 그분 특유의 인격과 따뜻함에 감동받았다. 말로는 표현할 수 없는 느낌이었다. 성공한 기업가로서 자신에게 매우 엄격한 줄은 알았지만, 사람과 일을 대하는 겸손한 태도를 보고서 그분의 진심을 느꼈다. 특히 일흔셋 연세에 새로운 자전거 문화를 전파하기 위해 타이완 일주를 하신 것은 정말 놀라웠다. 자전거를 더 많이 팔기 위해서가 아니라, 사람들에게 자전거의 장점을 알리려는 것이었다. 또, 일주를 준비하면서 자전거로 출퇴근하며 건강을 관리하셨는데, 말이 쉽지 실천하기는 힘든 일이다. 회장님은 말한 대로 실천에 옮기셨다. 보통 사람은 그렇게 못할 것이다. 정말 존경스럽다.

'벼는 익을수록 고개를 숙인다'는 말이 있는데, 리우 회장님이 바로 그런 분이다. 회장님이 나한테 아버지 같을 뿐 아니라, 회장님의 따님('새로운 자전거문화기금'의 집행위원장 류리주)도 누님 같다. 대만 노래 〈목숨 걸고 사랑해야 이긴다(愛拼才會贏)〉를 가르쳐주셨다.

Q_ 살면서 리우 회장에게 받은 영향은 또 무엇이 있나?
A_ (잠시 생각) 누군가를 만나는 것은 운명적인 타이밍이다. 한 번뿐인 짧은 인생 동안 의미 있는 사람을 만나면 삶이

아주 풍요로워진다. 나는 인생이 그런 것이라고 생각한다. 생각이 같은 사람을 만나면 인연을 잘 이어가게 되는데, 리우 회장님과 나는 서로에게 그런 사람이다. 회장님을 알고 나서 이런 인연을 더 소중히 여기게 되었다.

1972년 킹 리우, 타이중 현 다자 진에 '자이언트기계공업유한공사' 설립.
1981년 자체 브랜드 자이언트(GIANT)로 마케팅 사업 확장.
1986년 네덜란드에 자이언트 유럽 지사 설립.
1987년 자이언트 미국, 독일 지사 설립.
        탄소섬유 자전거 개발 성공으로 복합신소재 사용의 새로운 기원을 엶.
1988년 자이언트 영국, 프랑스 지사 설립.
1989년 자이언트 일본 지사 설립.
        재단법인 '자이언트 스포츠기금회' 발족, 스포츠 · 문화 행사 추진.
1991년 자이언트 호주, 캐나다 지사 설립.
1993년 중국 장쑤성(江蘇省) 쿤산에 자이언트(중국)유한공사 설립.
1998년 탄소섬유 자전거 MCR, 미국 〈비즈니스 위크(Business Week)〉 선정 아시아 혁신상 수상.
1999년 이중충격방지 크로스컨트리 레이싱자전거 XtC DS-1 네덜란드 '올해의 최고 자전거'로 선정.
2000년 자이언트 폴란드 지사 설립으로 동유럽 시장 공식 진출.
        XtC NRS1 미국 '올해의 자전거' 선정.
2001년 〈포브스(Forbes)〉지 '세계 200대 최우수 중소기업' 20위에 선정.
2002년 자이언트가 후원하는 ONCE 팀 투르 드 프랑스 단체전 우승.
        MR4 접이식 자전거 독일 iF 디자인어워드(iF Design Award) 수상
2003년 '타이완 20대 국제브랜드' 6위 선정.
        브랜드 가치 2억 1,100만 달러(약 2,400억 원) 돌파.
        산업연맹 '에이팀' 공동 설립.
2004년 T-Mobile 팀 협찬, 투르 드 프랑스 단체전 우승.
2005년 TCR Advanced 탄소섬유 자전거 제13회 국가제품 이미지 금상 수상.
2006년 킹 리우 회장, 상하이 '세계 중국인 기업리더 평생업적 상' 수상.
        Maestro 전방향 충격방지 자전거 제14회 타이완 명품 금상 수상.

2007년	EY '올해의 창업가 대상' 수상.
	자이언트그룹 매출 10억 달러(약 1조 1,300억 원) 돌파.
2008년	제16회 경제부 산업과학 기술발전상 '혁신성과우수상' 수상.
	Expedition RS0 네덜란드 '올해의 멋진 자전거 모델' 선정.
	연간 자전거 판매량 600만 대 돌파.
2009년	자이언트 한국 지사 설립.
	킹 리우 회장, 총통부 재정부장관 임명(2009년부터 현재).
	타이완에 자이언트여행사 설립, 정식으로 자전거여행 사업 시작.
	Accend 1 iF UEROBIKE 디자인상 도시차량 부문 금상 수상.
	2011년 GIANT Factory Off Road Team 사이클 선수 대니 하트 (Danny Hart) 세계 다운힐(Downhill) 선수권대회 우승.
	자이언트 멕시코 지사 설립.
	중국에 자이언트 자전거스포츠서비스(쿤밍)유한공사 설립, 자전거 여행 홍보사업 시작
2012년	경제부 공업국 '2012 타이완 혁신기업' 9위.
	자이언트가 협찬하는 Robobank 여성 사이클 팀 선수 마리안 보스 (Marianne Vos) 런던올림픽 로드레이싱 금메달 수상.
	자이언트그룹, 경제부 제1회 10대 우수중견기업 선정.
	2013년. 공기역학 로드자전거 Propel 출시, 자전거잡지〈벨로(Velo)〉 선정, '세계에서 가장 빠르고 뛰어난 공기역학 자전거'에 오름.
	자이언트그룹, '타이완 20대 국제브랜드' 7위 선정.
	브랜드 가치 3억 8,600만 달러(약 4,383억 5,000만 원) 돌파.
	그룹 매출 544억 타이완달러(2조 2,000억 원)로 신기록 달성, 세계 최대 자전거기업으로 등극.
2014년	세계 유일의 여성 전용 자전거 브랜드 리브(Liv) 출시.
	Team GIANT-Shimano 사이클 선수 마셀 키틀(Marcel Kittle) Propel 모델로 투르 드 프랑스 4관왕에 오름.

옮긴이 **오승윤**

상하이 복단대학교 어언문화과를 졸업하고 한국외국어대학교 통번역대학원 한중과를
졸업했다. 다년간 MBC 불만제로 등 다양한 영상 번역 및 기업체 번역을 하였다. 현재
번역에이전시 엔터스코리아에서 전문번역가로 활동하고 있다.
주요 역서로는『초보자를 위한 커피 기구 도감』등이 있다.

자전거 타는 CEO

초판 1쇄 발행 2017년 10월 20일
초판 2쇄 발행 2017년 12월 18일

지은이 킹 리우(류진뱌오), 여우쯔옌
펴낸이 김재현
펴낸곳 지식공간

출판등록 2009년 10월 14일 제300-2009-126호
주소 서울 은평구 진흥로67 (역촌동, 5층)
전화 02-734-0981
팩스 0504-398-0934
홈페이지 www.oceo.co.kr
메일 nagori2@gmail.com

디자인 Design IF

ISBN 978-89-97142-71-2

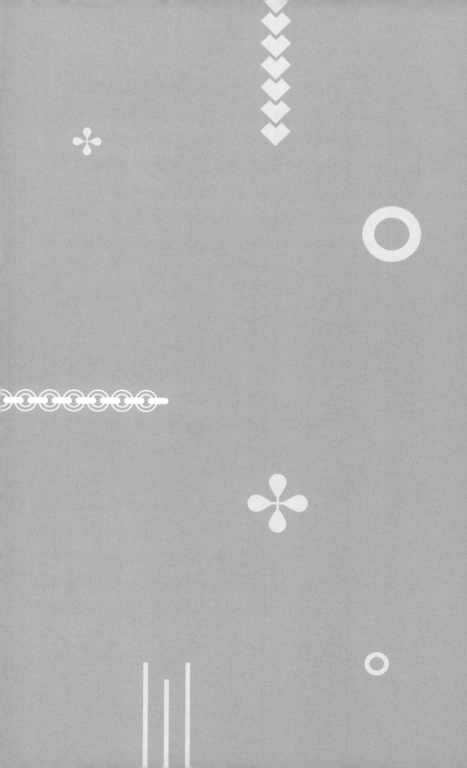

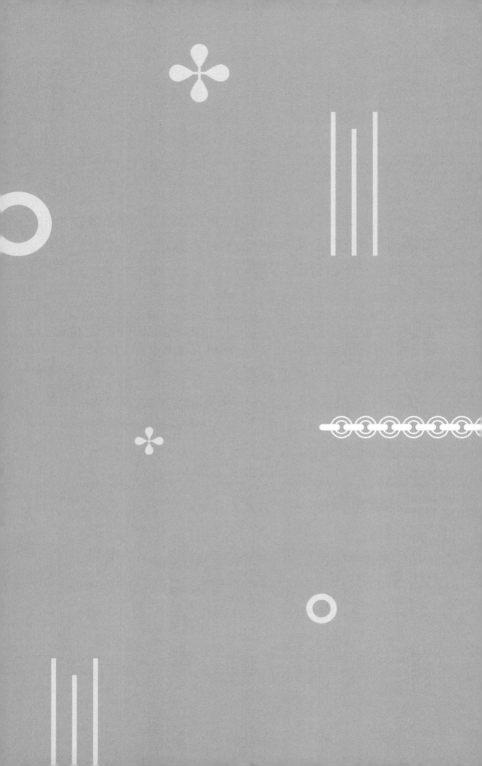